国家自然科学基金资助项目：多渠道零售环境下
价值与渠道转换行为研究——零售商与购物者互
贵州大学人才引进项目："研究型购物者渠道迁徙
（贵大人基合字（2016）020号）

刘遗志

著

研究型购物者渠道迁徙行为研究

YANJIUXING
GOUWUZHE QUDAO
QIANXI XINGWEI
YANJIU

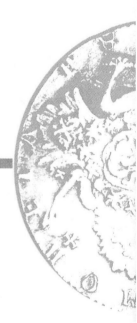

中国财经出版传媒集团

经济科学出版社
Economic Science Press

图书在版编目（CIP）数据

研究型购物者渠道迁徙行为研究／刘遗志著．—北
京：经济科学出版社，2017.12
ISBN 978-7-5141-8824-0

Ⅰ．①研…　Ⅱ．①刘…　Ⅲ．①消费者行为论-研究
Ⅳ．①F713.55

中国版本图书馆 CIP 数据核字（2017）第 312063 号

责任编辑：刘　瑾
责任校对：杨晓莹
版式设计：齐　杰
责任印制：邱　天

研究型购物者渠道迁徙行为研究
刘遗志　著
经济科学出版社出版、发行　新华书店经销
社址：北京市海淀区阜成路甲 28 号　邮编：100142
总编部电话：010-88191217　发行部电话：010-88191522
网址：www. esp. com. cn
电子邮件：esp_ bj@ 163. com
天猫网店：经济科学出版社旗舰店
网址：http：//jjkxcbs. tmall. com
北京财经印刷厂印装
880 × 1230　32 开　7 印张　254000 字
2017 年 12 月第 1 版　2017 年 12 月第 1 次印刷
ISBN 978-7-5141-8824-0　定价：42.00 元
（图书出现印装问题，本社负责调换。电话：010-88191510）
（版权所有　翻印必究　举报电话：010-88191586
电子邮箱：dbts@ esp. com. cn）

前　言

近年来，随着电子商务和多媒体交互技术的快速发展，依托于互联网的线上零售渠道（传统互联网渠道和移动互联网渠道）逐步完善。大量的实践表明，用基于网络的创新渠道与传统渠道共同递送服务的零售企业比单一渠道零售企业更加成功。因此，增加新的购物渠道（如互联网），跻身多渠道零售商行列已成为很多传统零售商的选择。据中国连锁经营协会 2015 年发布的《2014 中国特许连锁 100 强》报告显示，"互联网＋"在各特许加盟行业中均有运用，在百强企业中，有97%的企业都开展了多渠道零售业务。毫无疑问，多渠道零售将持续蓬勃发展，成为今后零售业态的主流发展趋势。

多渠道零售环境下，购物者的购买行为在主体特征和行为模式等方面都发生了或者正在发生重大变化。与此同时，一种新型的消费者群体——研究型购物者（research-shopper）浮现出来。他们的购买行为模式并不是依照零售商所期望的那样"浏览即购买"，而是在多个渠道中不停地转换，尤其是在一种渠道中收集信息后却在另一种渠道中完成交易。研究型购物者在一种渠道的零售商那里享受了购前信息服务之后，却选择在另一种渠道中的其他零售商购买所需产品和服务。对于仅仅只提供了购前信息服务而没有产生实际交易的零售商而言，研究型购物者免费享受了他们的服务，却并没有给他们带来实际利润。不难发现，研究型购物者的"渠道搭便车"行为已成为让零售商感到十分棘手的问题。事实上，"渠道搭便车"的渠道迁徙行为，无论是购物者离线渠道信息搜寻后在线渠道购买的"展厅"渠道迁徙行为，还是在线渠道信息搜寻后离线渠道购买的"反展厅"渠道迁徙行为在日常购物生活中都已普遍存在。

据普华永道（PWC）2012 年的研究报告《顾客主导市场——多渠道购物者怎样改变零售业格局》显示，购物者引领和决定着多渠道零售业态，而零售商在这方面却有所滞后，其原因归根结底是零售商对多渠道购物者的渠道迁徙行为模式了解不够深入，没有透彻理解引发渠道迁徙行为背后的内在影响机制。针对多渠道购物者中的代表性群体——研究型购物者的渠道迁徙行为问题，学者们提出了如增加促销力度以及加强渠道锁定和渠道协同管理等各种对策。这些策略在某种条件下具有一定的效用，但从长远发展来看，解决这个问题的关键还在于从根本上转变观念：由"购物者进入零售商环境"转变为"零售商进入购物者环境"，即以研究型购物者渠道迁徙行为的内在影响因素为导向探讨多渠道管理问题。因此，深刻了解研究型购物者渠道迁徙行为背后的内在影响机制有助于零售企业在复杂多变的市场竞争中提高敏捷性和灵活性，从而有效地改变零售企业经营策略滞后于消费者购物行为变化的不良状况。

理论界对研究型购物者渠道迁徙行为已经有了一些初步探讨，例如，行为模式和行为的影响因素等。然而这些研究大多数仍停留在概念内涵表述和理论思辨上，缺乏系统的实证研究。本书根据两阶段购买决策理论将购物过程划分为信息搜寻和购买交易两个阶段，按照渠道属性将渠道划分为离线渠道和在线渠道两种类型，以研究型购物者渠道迁徙行为的内在影响因素为研究视角，以研究型购物行为概念及内涵为突破点，探讨研究型购物者渠道迁徙行为特点和模式。具体研究过程和研究内容如下：采用内容分析法和调查研究法确定研究型购物行为的内在影响因素的维度及其测量指标，在维度和测量指标确定的基础上，构建研究型购物者离线渠道向在线渠道迁徙和在线渠道向离线渠道迁徙行为模型。通过问卷调查法收集研究型购物者渠道迁徙行为的经验数据，借助 SPSS 软件、AMOS软件和编程技术对研究模型进行实证检验。

本书通过实证研究得出了以下有意义的结论：（1）产品类别显著影响研究型购物行为，在价格高、体验特征明显以及不熟悉的产品中容易发生研究型购物行为，而在价格低、标准化程度高以及熟悉的产品中则不容易发生研究型购物行为。(2) 在线渠道与离线渠道之间的价格差异是引发研究型购物行为的重要因素之一。(3) 经常性研究型购物行为并不多见，而偶发性研究型购物行为则十分普遍。(4) 性别显著影响研究型购物行为，女性群体比男性群体更容易使用经常性研究型购物行为。(5) 按照不同渠道迁徙方向的内在影响因素的主导性动机差异，研究型购物行为的内在影响因素可以划分为两个维度：价值驱动型以及成本和风险规避型。(6) 研究型购物者离线渠道向在线渠道迁徙的主导性动机是趋利，即想获得在线渠道提供的价值（低价格、花费更少的时间和精力等），而在线渠道向离线渠道迁徙的主导性动机则是避害，即出于规避在线购买风险和成本因素的考虑。(7) 价值驱动型与风险和成本规避型并不相互独立，两者呈显著负相关。研究型购物者因价值（风险与成本）引发渠道迁徙意愿，但最终真正实施的却可能是风险和成本规避型（价值驱动型）研究型购物行为。(8) 转换成本在不同渠道迁徙方向中所起的作用具有显著差异。转换成本显著负向影响研究型购物者在线渠道向离线渠道迁徙行为，而完成离线渠道向在线渠道迁徙则只需轻点鼠标便可轻松完成，迁徙过程中所产生的转换成本很少。(9) 在离线渠道向在线渠道迁徙过程中，信息搜寻满意在感知有用性和感知易用性分别与在线购买意愿之间的关系中起部分中介作用，而在感知娱乐性与在线购买意愿之间的关系中起完全中介作用。(10) 在影响研究型购物者离线渠道向在线渠道迁徙行为的内在因素中，功能性价值比感情性价值对迁徙行为的影响更显著。(11) 在线感知风险和在线感知成本通过离线购买意愿的中介作用进而显著影响离线购买行为，转换成本则直接显著影响离线购买行为。(12) 在影响研究型购物者在线渠道向离线渠道迁徙行为的内在因素中，成本因素比风险因素对迁徙行为的影响更强烈。(13) 在线购买经验显著负向调节了在线感知风险与离线购买意愿之间的关系，而在在线感知成本与离线购买意愿之间关系的负向调节效应并不显著。

根据研究结论，针对研究型购物者渠道迁徙问题，本书的应对策略大致可以归纳为两个方面："防"和"疏"，其中"防"是指防止研究型购物者迁徙到其他类型渠道的其他零售商那里购买所需产品和服务，"疏"则是指引导研究型购物者在零售商自建的多渠道中迁徙。具体建议如下：（1）零售商必须跟踪和深刻了解研究型购物者的渠道迁徙行为，从而改变企业营销产品、经营店铺及管理供应链的方法。（2）积极培育研究型购物者的网络信任。（3）针对不同类型的研究型购物行为采取相应策略。对于价值驱动型研究型购物行为而言，应主要考虑提供功能性价值。对于风险和成本规避型研究型购物行为而言，应着重考虑减少购买风险和成本。（4）积极展开多渠道零售，使研究型购物者的渠道迁徙行为发生在企业自建的多渠道当中，从而实现跨渠道顾客保留。（5）充分挖掘渠道自身价值，为研究型购物者提供相对优势，进而实现渠道锁定和渠道保留。（6）加强与研究型购物者的关系管理，有效防范或减少研究型购物者"渠道搭便车"的渠道迁徙行为。

本书创新点主要有以下几个方面：（1）确定了研究型购物行为的内在影响因素的维度及其测量指标。以往对两阶段跨渠道购买的研究型购物行为的相关研究较少，且没有就如何测量这类购物行为背后的内在影响因素进行研究。本书以研究型购物者渠道迁徙行为的内在影响因素为研究视角，采用内容分析法和调查研究法确定了研究型购物行为的内在影响因素的维度及其测量指标。（2）构建了研究型购物者在线渠道向离线渠道迁徙行为模型。由于在线渠道的快速发展，有关渠道迁徙的研究主要集中在离线渠道向在线渠道迁徙、离线渠道向传统互联网渠道迁徙、离线渠道向移动互联网渠道迁徙以及传统互联网渠道向移动互联网渠道迁徙，而对在线渠道向离线渠道迁徙的相关研究却并不多见。因此，探讨在线信息搜寻后离线购买的研究型购物者渠道迁徙行为是对消费者渠道迁徙行为研究的有益补充。（3）明晰了转换成本在不同渠道迁徙方向中的作用。以往大多数文献只是笼统地研究了渠道转换成本与渠道迁徙行为的关系，却并没有明确指出转换成本在不同渠道迁徙方向中所起作用的大小。本书通过访谈发现，在离线渠道向在线渠道迁徙过程中，研究型购物者并没有明显感受到转换成本的存在。而在在线渠道向离线渠道迁徙过程中，转换成本则显著影响研究型购物者渠道迁徙行为。(4) 提出了针对研究型购物者渠道迁徙问题的渠道留存管理方案。根据研究结论,针对研究型购物者渠道迁徙问题,本书为零售商渠道建设和渠道管理提出了相应的应对策略,这些策略大致可以归纳为两个方面:"防"和"疏",其中"防"是指防止研究型购物者迁徙到其他类型渠道的其他零售商那里购买所需产品和服务,从而实现渠道锁定和渠道保留。"疏"则是指引导研究型购物者在零售商自建的多渠道中迁徙,从而实现跨渠道顾客保留。

| 目　录 |

第一章

绪　论

近年来，随着电子商务和多媒体交互技术的快速发展，依托于互联网的线上零售渠道逐步完善。毫无疑问，多渠道零售会成为今后零售业态的发展趋势，是零售企业渠道变革的重要方向之一。多渠道零售环境下，越来越多的消费者成为多渠道购物者，自由穿梭在不同渠道间进行购物。在多渠道购物者群体中，有一部分购物者使用一种渠道搜寻信息后却在另一种渠道中完成交易，这部分购物者被称为研究型购物者，是多渠道购物者的重要组成部分。不难看出，研究型购物者"渠道搭便车"的渠道迁徙行为已成为让零售商感到十分棘手的难题。因此，跟踪和深刻了解研究型购物者渠道迁徙行为有利于帮助零售企业提高敏捷性和灵活性，改变营销产品、经营店铺及管理供应链的方法，进而使零售企业在激烈的市场竞争中获得长期竞争优势。

第一节　研究背景

新信息技术的快速发展使得零售渠道出现了显著变化，传统零售企业不仅继续使用原有零售渠道，还积极通过在线渠道向消费者提供产品和服务。开展多渠道零售已成为零售业界的共识，在这种情形下，企业销售渠道已由单一零售渠道大张旗鼓地向多渠道零售转换。据中国连锁经营协会 2015 年发布的《2014 中国特许连锁

100强》报告显示，"互联网＋"在各特许加盟行业均有运用，在百强企业中，97％的企业都开展了多渠道零售业务，其中有60％的企业使用自建在线平台开展在线业务，25％的企业同时使用自建平台和进驻第三平台开展在线业务[1]。根据不同渠道扩展方向，多渠道零售主要有两种扩展方式：离线渠道向在线渠道扩展和在线渠道向离线渠道扩展。离线渠道向在线渠道扩展是"砖头＋鼠标"的模式，如实体零售企业开通在线销售平台及传统银行开通在线服务等。在线渠道向离线渠道扩展是"鼠标＋砖头"的模式，如淘宝网和京东商城纷纷设立实体店，开展线下业务。

大量实践表明，多渠道零售环境下，开展多渠道零售是零售企业获得长久竞争优势的重要途径。毫无疑问，多渠道零售是未来零售渠道变革的方向之一。美国传统零售企业销售额年平均增长率大约为5％，而多渠道零售企业的销售额平均增长率比同期传统零售企业的平均增长率要高出三个百分点，年均增长率达到8％；标准普尔500指数则显示，多渠道零售企业的股东投资回报率比传统零售企业的股东投资回报率高出七个百分点[2]。《2014全球零售力量》显示，全球十大的零售企业（沃尔玛、乐购、好市多、家乐福、克罗格、施瓦茨、麦德龙、家得宝、阿尔迪南北商业集团联盟与塔吉特）都开通了在线零售渠道，通过多种渠道向消费者开展零售业务[3]。高希（1998）的研究显示，多渠道企业比单一渠道企业的比较优势更明显。艾瑞网根据以往的数据预测，2015年B2C市场交易额将超过C2C市场交易额[4]。多渠道零售战略下，不同渠道相互协同和互为支撑，能增加渠道彼此的能效（蒂曼，2002）。

多渠道零售对企业影响的相关文献比较多，学者们也取得了一些研究成果。库马尔和文卡特桑（2005）的研究显示，扩展销售渠

① http：//www. ccfa. org. cn/portal/cn/view. jsp? lt＝37&id＝419750.
② http：//www. e－future. com. cn/cn/353. shtml.
③ http：//www. phbang. cn/finance/corporation/143179. html.
④ http：//report. iresearch. cn/html/20150201/245909. shtml.

道可以增加消费者的转换成本，进而减少消费者的购物渠道转换现象。一些学者的研究也表明，多渠道零售战略有助于零售企业提升效益，多渠道购物者比使用较少渠道进行购物的购物者消费更多（库马尔和文卡特桑，2005；尚卡尔和维纳，2005）。托马斯和沙利文（2005）跟踪调查美国某一大型零售商的购物者，结果发现多渠道购物者的购买频率和消费金额都比单一渠道购物者要更高。许多相关文献显示了多渠道零售战略的积极作用，多渠道购物者比单一渠道购物者具有更加频繁的信息搜寻行为和购买行为，所消费的金额也比较多（多拉凯亚等人，2005；兰加斯瓦米和范·布鲁根，2005；尚卡尔和维纳，2005）。格斯肯斯等（2002）研究了欧洲报刊公司开通在线渠道后股市的反应，结果显示在线渠道的开通正向影响这些公司的股票价格。罗文和马蒂厄（2000）比较研究了实体零售商、网络零售商以及多渠道零售的利润，结果显示多渠道零售商在未来的利润可能最大。"双击"公司（2004）对实体店渠道、网络渠道与宣传册三种渠道类型进行了研究，结果表明实体渠道和网络渠道存在溢出效应且达到59%，消费者在线渠道信息搜寻行为会给实体店增加43%的销量。具体情况如图1-1所示。多渠道零售不但能够提升企业的销售额，而且可以扩大与购物者的接触面，进而增强消费者黏性。每类渠道都有自己特有的渠道属性，差异化的渠道属性可以有效地满足消费者的差异化需要，进而增强消费者对购买价值的感知。如离线渠道为消费者提供了真实的购物场景，消费者能够触摸和体验产品，充分享受整个购买过程。在线渠道则没有时空限制，消费者可以随时随地通过在线渠道进行购买。

多渠道零售背景下，购物者由单一渠道购物者向多渠道购物者转变，他们可以通过多种零售渠道有效和便捷地购买到自己所需产品和服务。同时，越来越多的现代购物者成为一种新型的购物者——研究型购物者，他们基于效用最大化在多个渠道之间不停转换，尤其是在一种渠道收集信息却在另一种渠道完成交易。查特吉（2010）认为，当前多渠道购物者可分为两种，使用一种渠道收集

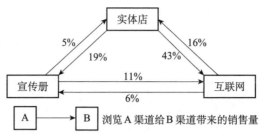

图 1-1　搜索购买行为的溢出效应

信息并在另一种渠道购买的购物者与分别在信息搜索阶段和购买阶段中使用多渠道的购物者。前者可称为"研究型购物者",是一类全新的购物群体。在 4.7 亿使用搜索引擎的中国网民中,有 50.4% 的网民在外出旅行之前,会事先在网上搜集相关信息,48.3% 的网民会在网上搜寻与饮食和娱乐相关的信息;同时,在网上搜寻商品或服务相关信息之后,22.6% 的网民以离线渠道购买为主,13.4% 的网民则在离线渠道和在线渠道购买的几率大致相等;另外,有 28.6% 的网民在离线购物之前会事先通过在线搜索引擎搜集商品相关信息[①]。有调查也表明,65% 美国网络购物者会在在线信息搜寻后在离线渠道进行购买(查塔姆等人,2004)。在美国,69% 的消费者习惯在网上信息搜寻后离线渠道购买,46% 的消费者习惯于离线渠道信息搜寻后网上购买[②]。范·巴尔和达奇(2005)的研究显示,20.4% 的消费者在网络渠道搜寻信息后在离线渠道购买产品或服务。康姆斯科(2007)指出,89% 的购物者在购买商品之前会在网上搜寻信息,但将信息搜寻行为转换成购买行为的购物者却不足 7%(周飞,2013)。维尔茨等(2004)的研究也表明,消费者在

---

①　2013 年中国网民搜索行为研究报告,2013 年 8 月,http://www.cnnic.net.cn/hlwfzyj/hlwxzbg/ssbg/201308/t20130820_ 41306. htm.

②　毛新勇. 2014 - 02 - 28. 卖场如何利用"反展厅现象"反击电商 [N]. 中华建筑报(008).

一家企业进行商品信息搜寻后在其他企业购买的"渠道搭便车"行
为在日常购物生活中大量存在，占比达20%且仍有上升趋势①。范·
巴尔和达奇（2005）的研究显示，20.4%的购物者会在在线渠道咨
询后选择在离线渠道购买，有24.6%的购物者则会在离线渠道咨询
后选择在在线渠道购买。巴拉萨布拉曼兰等（2005）研究认为，消
费者在不同购买阶段的目标与渠道属性呈显著相关。范霍夫
（2007）研究指出，离线渠道的体验特性和在线渠道的搜寻特性使
得研究型购物行为（research-shopping）成为一种非常普遍的购买
行为之一。由上分析可知，研究型购物者和研究型购物行为普遍存
在。企业信息提供渠道具有"公共品"特性，这种特性所产生的影
响是双重的。一方面，企业在参考竞争对手产品或服务信息的基础
上，会提供比竞争对手更具竞争力的产品或产品价格，以期达到信
息搭便车的目的。另一方面，消费者很可能在一些渠道搜寻产品或
服务信息后而选择价格最低或者综合购买效用最大的渠道购买。因
此，购前信息服务的"公共品"属性使得研究型购物者的"信息
搭便车"的渠道迁徙行为难以避免。随着信息获取便捷程度以及购
物者社会交互性和个性化需求的增加，多渠道购物者中的研究型购
物者的数量会不断增长，也随之带来诸多方面的挑战（凯利，
2002）。其中挑战之一就是购物过程中购物者的流失（努涅斯和塞
斯佩德斯，2003）②。研究型购物者在一种渠道的这个公司获取了
信息和售前服务后，却转向其他渠道的另一个公司完成交易。有研
究显示：大约20%的购物者在信息搜索和购买交易阶段更换了零售
商（范·巴尔和达奇，2005）③。零售商应考虑他们的门店在目前

① 周飞.顾客互动与渠道协同绩效的关系研究［C］.华南理工大学博士论文，
2013.

② Nunes, Paul F, Frank V, Cespedes. The Customer Has Escaped［J］. Harvard Business Review, 2003, 81（11）：96-105.

③ Van Baal S, Dach C. Free Riding and Customer Retention Across Retailers' Channels［J］. Journal of Interactive Marketing, 2005, 19（2）：75-85.

和以后所要扮演的角色。第一种是作为商品和服务的"展厅",消费者在这里感受氛围和体验产品之后在网上购买。第二种是作为商品购买场所,消费者在网上已经大致知晓自己所要购买产品的相关信息后在门店进行购买,在这种情形下,在线渠道扮演"展厅"角色。从购买决策阶段和渠道转换的角度分析,研究型购物者"展厅"(showrooming)和"反展厅"(web-showrooming)购买行为实际上是一种两阶段跨渠道购买的渠道迁徙行为。图 1 - 2 显示了研究型购物者渠道迁徙行为模式。尽管两阶段跨渠道购买的研究型购物者渠道迁徙行为普遍存在于日常购物生活中,但学术界目前对它的相关研究还较少,国内相关研究更是凤毛麟角。

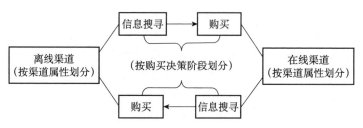

图 1 - 2　研究型购物者渠道迁徙行为模式

第二节　研究问题的提出及其目的与意义

一、研究问题的提出

通过梳理、归纳和整理国内外相关文献发现,国外学者对渠道迁徙行为的研究大多数集中在最近二十年,而国内相关研究却并不多见,仍然停留在起步阶段。现有与渠道迁徙行为相关的研究主要集中在对两个购买渠道之间迁徙行为的探讨,而对两阶段跨渠道购买的研究型购物者渠道迁徙行为的研究明显不足。同时,现有少量对研究型购物者渠道迁徙行为的研究仍存在以下亟待解决的问题:

（1）研究型购物行为的内在影响因素是什么？（2）研究型购物行为的内在影响因素包含哪些维度？应如何测量？（3）以内在影响因素为视角，研究型购物者的渠道迁徙行为机制是什么？（4）内在影响因素视角下研究型购物者离线渠道向在线渠道迁徙行为机制与在线渠道向离线渠道迁徙行为机制是否存有差异？（5）研究型购物者渠道迁徙问题的应对策略是什么？以往相关文献并没有很好地回答上述问题，然而探讨研究型购物者"渠道搭便车"的渠道迁徙问题对多渠道零售环境下零售企业多渠道建设和管理意义非凡。基于此，本书主要采用实证研究方法以期全面和系统地回答并解决上述问题。

二、研究目的

　　研究型购物者渠道迁徙行为既是一种两阶段跨渠道购买行为，也是一种"渠道搭便车"行为。"渠道搭便车"行为是指消费者在一种渠道的一些零售商搜集信息后转向另一种渠道的其他零售商完成交易，而没有给提供购前信息服务的零售商带来实际利润的购买行为。针对"渠道搭便车"行为，学者们提出了如增加促销力度、交叉销售、捆绑销售、渠道锁定和加强渠道协同管理等各种对策。这些策略在某些条件下具有一定的效用，但从长远发展来看，解决这个问题的关键还在于从根本上转变观念：由"购物者进入零售商环境"转变为"零售商进入购物者环境"。据普华永道（PWC）2012 年的研究报告《顾客主导市场——多渠道购物者怎样改变零售业格局》显示，尽管多渠道零售发展迅猛，但零售商并不是多渠道发展趋势的领导者，而是落后于这个趋势，购物者才是多渠道零售发展趋势的引领者。购物者引领和决定多渠道零售业态，而零售商在这方面却有所滞后，其原因归根结底是零售商对多渠道购物者的渠道迁徙行为模式和内在机理了解不够深入。因此，更深入地了解多渠道购物群体中的代表性群体——研究型购物者渠道迁徙行为背后的内在影响机制，有利于帮助企业提高敏捷性和灵活性，进而有效改变企业经营策略滞后于消费者购买行为的不良现状。

本书在国内外与消费者渠道选择行为和研究型购物者渠道迁徙行为相关文献以及现实经验的基础上，对研究型购物者渠道迁徙行为问题进行了实证探讨。通过内容分析法和调查研究法确定了研究型购物行为的内在影响因素的维度及其测量指标，在测量量表的基础上，构建了研究型购物者离线渠道向在线渠道迁徙行为模型和在线渠道向离线渠道迁徙行为模型。采用实证研究方法，利用 SPSS、AMOS 统计软件和编程技术对经验数据进行分析，检验研究型购物者渠道迁徙行为模型以获取有意义的研究结论。研究多渠道零售环境下研究型购物者渠道迁徙行为不仅能够弥补理论界对研究型购物行为研究不足，为后续相关研究提供理论基础，还能为零售商多渠道化过程中有效的渠道管理提供科学的参考依据，进而提高渠道效率和渠道忠诚度。

三、研究意义

虽然国内外对渠道迁徙行为有了一些初步探讨，例如，概念界定和行为模式的影响因素等，但仍存在以下不足：（1）以往虽然也采用购买决策阶段理论研究消费者购买行为，但绝大多数研究以单一渠道为研究视角，并没有涉及分阶段多渠道购买行为。（2）现有与渠道迁徙行为相关的文献大多数只涉及两个购买渠道之间的迁徙，却并没有探讨渠道属性在不同购买阶段的作用。（3）现有很多对研究型购物者渠道迁徙行为的研究只停留在概念内涵和思辨研究上，缺乏实证研究。（4）现有大多数与研究型购物者渠道迁徙行为相关的研究都采用宏观研究视角，而以研究型购物者渠道迁徙行为的内在影响因素为研究视角的相关研究却很少。（5）现有相关研究没有探讨研究型购物行为的内在影响因素的维度及其测量指标。本书立足于多渠道零售环境下国内购物者多渠道购物行为现实状况，基于技术接受模型、创新扩散理论、期望效用理论以及顾客价值理论，并在参考和梳理国内外相关文献的基础上，对研究型购物者渠道迁徙行为进行了全面和系统的实证研究。因此，本书对消费者渠道选择行为理论的发展和完善以及企业多渠道管理实践都具有重要价值。

（一）理论意义

本书为认识研究型购物者渠道迁徙行为提供了新的视角和理论框架，有利于中国零售营销理论和消费者行为理论的发展和完善。在整理并归纳国内外研究型购物者渠道迁徙行为相关文献的基础上，结合国内消费文化，本书开发出了研究型购物行为的内在影响因素测量量表，为后续研究奠定了理论基础，具有一定的理论价值。同时，在研究型购物者渠道迁徙行为相关文献和研究型购物行为的内在影响因素的测量量表的基础上，本书构建了一个系统和全面的研究型购物者渠道迁徙行为理论框架，不但为认识研究型购物者渠道迁徙行为提供了新的研究视角和理论框架，而且丰富和补充了消费者渠道迁徙行为研究，有助于零售营销理论和消费者行为理论的完善和发展。

（二）实践意义

本书为零售商的渠道管理提供了决策依据，有利于零售商有效管理研究型购物者的渠道迁徙行为，进而帮助他们实现多渠道管理理念和管理模式创新。随着在线渠道的快速发展，可供消费者选择的购物渠道日益多样化，消费者的渠道选择行为也越来越复杂。在这样的背景下，消费者对产品或服务购买效用的期望值也与日俱增，对单一渠道越发缺乏忠诚并对"渠道搭便车"的渠道迁徙行为早已习以为常。因此，多渠道零售环境下对研究型购物者渠道迁徙行为的研究有助于多渠道零售商深刻了解研究型购物者的"渠道搭便车"的渠道迁徙行为，提高企业的敏捷性和灵活性，进而改变企业营销产品、经营店铺和管理供应链的方法以及创新管理模式，最终帮助多渠道零售商在激烈的市场竞争中获得长期竞争优势。

第三节　研究界定

一、基本概念界定

（一）渠道定义及分类

由于视角不同，学者们对渠道的定义也有所差异，但这些定义大致可以划分为以下两种类型：组织结构学说与过程路径学说。菲利普·科特勒属于组织结构学说的代表人物，他认为渠道是指产品从制造到消费过程中所流经的拥有产品所有权或配合所有权流通的组织及团体。爱德华 W. 加迪夫是过程路径学说的代表人物，他认为渠道是指产品在流通过程中直接所有权或间接所有权所流经的路径。

渠道演化进程受诸多因素的影响和制约，如产品特征、技术和消费者特征等。随着信息技术的快速发展，渠道方式发生了很大的变化。就渠道分类而言，相关文献大都依据渠道属性和渠道功能进行划分（涂红伟和周星，2011）。范霍夫等（2007）基于属性对渠道进行分类，将渠道划分为在线渠道（如互联网购物、目录购物、电话购物和电视购物等）和离线渠道（如杂货店和百货超市等）两种类型。科赫兰（2001）则按照功能将渠道划分为信息搜寻渠道和购买渠道。

一些文献对渠道类型进行了对比研究。张宇华（2004）就沟通方式和影响因素两个方面对比研究了离线渠道和在线渠道。就沟通方式而言，他认为离线渠道以人与人和直接面对面的沟通为主，而在线渠道则是人机互动为主。就影响因素而言，购物环境以及人与人之间的情感互动等因素都会影响消费者离线购买，而在线购买的影响因素则是机器的工作效率等。李东（2003）就竞争、组织架构和运作、营销、物流以及消费方式等因素对离线渠道和在线渠道进行了对比研究，结果发现在线渠道比离线渠道更具比较优势。周静和戴昌钧（2007）将消费者购物过程划分为购前、购买和购后三个阶段并就离线渠道和在线渠道的优势进行了比较研究，结果显示离线渠道和在线渠道都具有各自比较优势，但在线渠道的优势更明显。李建平（2007）主要从网络基础设备和终端设施对离线渠道和在线渠道进行了对比研究。

本书采用范霍夫（2007）等对渠道分类的方法，按照渠道属性将渠道划分为在线渠道和离线渠道，采用科赫兰（2001）对渠道划分的方法，按照渠道功能将渠道分成两类：信息搜寻渠道和购买渠道。在此基础上，对研究型购物者渠道迁徙行为进行系统和全面的研究。

（二）多渠道行为

多渠道行为是指消费者在多种渠道获得同一或类似产品或服务的渠道选择行为，它是消费者对购买渠道的理性选择，是消费者主观认为付出合适的代价获取大于付出成本的利益并以此满足自身需求的主观权衡和选择决策过程。由于不同类型渠道之间存在互补或替代作用，因此消费者多渠道行为比单一渠道行为更加复杂多变。彼得森等（1997）的研究显示，多渠道零售环境下购物者显露出比以往单一渠道情境下更加复杂的购买行为。多渠道零售环境下，大约有50%的网络购物者会通过实体渠道购买以及大约20%实体渠道购物者也会使用网络渠道进行购物（金和朴，2005）。多渠道行为大致可以归纳为以下六种类型：离线渠道信息搜寻后离线渠道购买、离线渠道信息搜寻后在线渠道购买、在线渠道信息搜寻后在线渠道购买、在线渠道信息搜寻后离线渠道购买、离线渠道和在线渠道信息搜寻后离线渠道购买以及离线渠道和在线渠道信息搜寻后在线渠道购买（杨水清，2012）[①]。就本书而言，主要研究离线渠道信息搜寻后在线渠道购买以及在线渠道信息搜寻后离线购买的研究型购物者渠道迁徙行为。

（三）渠道迁徙行为

李（1966）从广义角度对"迁徙"进行了定义，认为迁徙是主体对当前现状做出暂时或者永久性改变的过程。博伊尔（1998）认为，"迁徙"是指主体在两个不同地点间持续运动的过程。"迁徙"最早被应用于对人口迁移问题的研究，后来被斯坦菲尔德等（2002）引入营销学来研究消费者行为。尽管如此，斯坦菲尔德等（2002）并没有对消费者渠道迁徙行为做出系统和清晰的定义。同时，学术界对渠道迁徙行为的称谓也多种多样，如渠道转换行为、跨渠道购买行为以及渠道搭便车行为等。不难看出，这些称谓干扰了学者们对渠道迁徙行为的研究。托马斯和沙利文（2005）认为渠道转换是指消费者在相同零售商建立的不同类型渠道间做出反复和动态的选择，且选择过程贯穿整个购买阶段。考夫曼等（2009）则认为渠道转换并不是渠道间反复和动态的选择过程，而是单向的迁徙行为[②]。然而，以上两种定义没有划分及界定渠道迁徙类型。基于此，涂红伟和周星（2011）将消费者渠道迁徙总结为以下四类：离线渠道向在线渠道迁徙、在线渠道向离线渠道迁徙、离线信息搜寻后在线渠道购买和在线信息搜寻后离线渠道购买。其中，既包括两个购买渠道间的迁徙，也包含信息搜寻渠道和购买渠道之间迁徙。本书采用考夫曼等（2009）对渠道迁徙的定义，认为渠道迁徙

---

① 杨水清. 基于消费者视角的渠道扩展与选择行为研究 [C]. 华中科技大学博士论文，2012.

② Kauffman R J, Lee D, Lee J, Yoo B. A Hybrid Firm's Pricing Strategy in Electronic Commerce under Channel Migration [J]. International Journal of Electronic Commerce, 2009, 14 (1): 11-54.

行为是一种单向迁徙行为，而不是来回转换行为。

（四）研究型购物者的渠道迁徙行为

查特吉（2010）认为，当前多渠道购物者可分为两种，使用一种渠道收集信息并在另一种渠道购买的购物者与分别在信息搜索阶段和购买阶段中使用多种渠道的购物者。前者可称为"研究型购物者"，是一类全新的购物群体。基乌等（2010）采用在线信息搜寻和离线购买的两阶段跨渠道购买行为测量消费者渠道迁徙行为。范霍夫等（2007）将在线信息搜寻后离线购买的渠道迁徙行为称为"research-shopping behavior"，并指出这类渠道迁徙行为是消费者最喜欢的购物方式之一。据上述分析，研究型购物者的两阶段跨渠道购买行为实际是一种渠道迁徙行为，而这类渠道迁徙行为有两种类型：跨渠道搭便车行为和跨渠道保留行为。其中，"跨渠道保留"行为是指购物者的信息搜寻行为和购买行为分别发生在同一多渠道零售商所控制的不同类型渠道中，而"跨渠道搭便车"行为则是指信息搜寻和购买行为分别发生在多个零售商的不同类型渠道中（范·巴尔和达奇，2005）。如在苏宁实体店进行商品信息搜寻后在京东网上商城购买的渠道迁徙行为属于"跨渠道搭便车"行为，而在苏宁实体店进行信息搜寻后在苏宁易购上购买的渠道迁徙行为则属于"跨渠道保留"行为。基乌等（2011）用矩阵表示了这两类渠道迁徙行为，具体如图 1-3 所示。本书只探讨"跨渠道搭便车"行为，并不涉及"跨渠道保留"行为。

从上述分析可以看出，研究型购物行为是一种两阶段跨渠道购买的渠道迁徙行为，它包含两个核心要素：（1）整个研究型购物决策过程被划分为信息搜寻和购买交易两个阶段。（2）它是一种"跨渠道信息搭便车"行为。如在离线渠道向在线渠道迁徙行为中，研究型购物者的在线购买行为搭载了离线渠道的"信息服务便车"。在这两个核心要素基础上，消费者使用多种渠道（在

		同类型渠道间的转换	跨渠道搭便车
从搜寻到购买，顾客是否只接触同一企业	否	顾客在多个企业的同一类型渠道间的转换，如在一家企业的实体渠道搜集信息后在另一家企业的实体渠道购买。	顾客在多个企业的不同类型渠道间的转换，如在一家企业的实体渠道搜集信息后在另一家企业的网络渠道购买。
	是	渠道内顾客保留	跨渠道顾客保留
		顾客的信息搜寻行为和购买行为都发生在同一企业的同一类型渠道当中，如在A企业的实体渠道搜寻信息后在该渠道完成交易，即"浏览即购买"。	顾客在分别在同一企业所拥有的不同类型的渠道中进行商信息搜寻和购买，如在一家企业的实体渠道进行信息搜寻后在该企业的网络渠道完成购买。
		是	否

从搜寻到购买，顾客是否使用同一类型渠道

图 1 – 3　基乌等人（2011）的多渠道顾客行为矩阵

线渠道和离线渠道）信息搜寻后选择其中一种渠道购买的多渠道行为与研究型购物行为存在一定的联系。就消费者通过在线渠道和离线渠道信息搜寻后选择在线渠道购买的多渠道行为而言，离线渠道是最终的信息搜寻渠道，在线渠道才是购买渠道。因此，在这类购物行为中，消费者享受了离线渠道的信息服务却并没有给提供服务的实体零售商创造利润。换句话说，消费者在线购买行为搭载了离线渠道的"信息服务便车"。从这个层面上分析，消费者在线渠道和离线渠道信息搜寻后的在线购买行为可以视为研究型购物者的"展厅"渠道迁徙行为。同理，消费者通过在线渠道和离线渠道信息搜寻后选择在离线渠道购买的多渠道行为中，在线渠道是最终的信息搜寻渠道，离线渠道才是购买渠道。在这类购物行为中，消费者离线购买行为搭载了在线渠道的"信息服务便车"。从这个层面上分析，消费者在线渠道和离线渠道信息搜寻后的离线购买行为可以视为研究型购物者的"反展厅"渠道迁徙行为。

二、研究视角界定

一些文献显示，学者们主要从产品特征、渠道属性、零售商因素、情境因素和消费者自身因素探讨消费者渠道迁徙行为，而对两阶段跨渠道购买的渠道迁徙行为研究却明显不足（胡正明和王亚卓，2011；厄佐克和韦，2010；范霍夫等人，2007；赖等人，2012）。本书按照渠道迁徙方向将两阶段跨渠道购买的渠道迁徙行为划分为两类：离线渠道信息搜寻后在线购买的渠道迁徙行为和在线渠道信息搜寻后离线购买的渠道迁徙行为（涂红伟和周星，2011）。从研究型购物者本身出发，以不同渠道迁徙方向的内在驱动因素为研究视角，探讨了研究型购物行为的内在影响因素的维度以及渠道迁徙行为机制。需要进一步说明的是，在研究型购物者渠道迁徙行为中，离线渠道和在线渠道的比较优势是相对的。如研究型购物者认为通过离线渠道购买需要花费更多的时间、精力和金钱，则说明他们认同通过在线渠道购买花费的时间、精力和金钱相对较少。再如购物者如果认为在线渠道购买风险大，则说明他们认同离线渠道购买更安全。同时，尽管研究型购物者渠道迁徙行为可能受多种动机的影响，但在影响具体每一次迁徙行为的动机中都存在一个主导性动机。主导性动机是指在研究型购物者渠道迁徙活动中所起作用比较强烈、稳定并处于支配地位的动机。就本研究而言，本书主要从迁徙行为内在影响因素的主导性动机视角探讨其对研究型购物者渠道迁徙行为的影响。

三、研究范围界定

范霍夫等（2007）基于渠道属性对渠道进行分类，将渠道划分为在线渠道（如互联网购物、目录购物、电话购物和电视购物等）

和离线渠道（如杂货店和百货超市等）两种类型。科赫兰（2001）
则按照功能将渠道划分为信息搜寻渠道和购买渠道。在此基础上，
涂红伟和周星（2011）以及涂红伟等（2011）将消费者渠道迁徙
行为划分为两个维度：渠道转换行为和两阶段跨渠道购买的渠道迁
徙行为。其中，渠道转换行为是指消费者在离线购买渠道与在线购
买渠道之间的转换行为，两阶段跨渠道购买的渠道迁徙行为是指消
费者在线渠道信息搜寻后离线渠道购买和离线渠道信息搜寻后在线
渠道购买的渠道迁徙行为。按照查特吉（2010）对研究型购物者的
定义，两阶段跨渠道购买行为是一种研究型购物行为。研究型购物
行为分为两种：竞争型研究型购物行为和忠诚型研究型购物行为。
竞争型研究型购物行为是指在一种渠道的一个公司进行信息搜寻后
在另一种渠道其他公司购买的购物行为，忠诚型研究型购物行为是
指在同一个公司内分别通过不同渠道进行信息搜索和购买交易的购
物行为。消费者在从一种渠道的一些零售商搜寻信息后在另一种渠
道的其他零售商完成购买的购物行为被学者称之为"渠道搭便车"
行为（基乌等人，2011）。跨渠道保留行为是指消费者在一个企业
的一种渠道搜寻信息后在该企业另一种渠道完成交易的渠道迁徙
行为。由上述分析不难得出，竞争型研究型购物行为是两阶段跨
渠道搭便车行为，忠诚型研究型购物行为是两阶段跨渠道保留行
为。涂红伟和周星（2011）按照不同渠道迁徙方向将两阶段跨渠
道搭便车行为划分成两类：离线信息搜寻后在线渠道购买和在线
渠道信息搜寻后离线渠道购买的渠道迁徙行为。在购物生活中，
离线信息搜寻后在线渠道购买行为是"展厅"渠道迁徙行为，在
线渠道信息搜寻后离线渠道购买行为是"反展厅"渠道迁徙行
为。本书只探讨研究型购物者"渠道搭便车"的渠道迁徙行为，
即离线信息搜寻后在线购买的渠道迁徙行为和在线信息搜寻后离
线购买的渠道迁徙行为，而并不研究"跨渠道保留"行为。上述具
体内容可以总结为如图1-4所示。

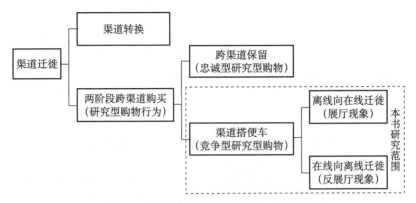

图1-4 消费者渠道迁徙分类与本书研究范围

第四节 研究内容与技术路线

一、研究内容

现有研究很少涉及两阶段跨渠道购买的渠道迁徙行为，其中以内在影响因素为研究视角探讨研究型购物者渠道迁徙行为的研究又是少之又少。本书从研究型购物者渠道迁徙行为的内在影响因素出发，对研究型购物者渠道迁徙行为进行了全面和系统的研究。本书主要解决以下五个问题：（1）促使研究型购物者进行渠道迁徙的内在影响因素是什么？（2）研究型购物行为的内在影响因素的维度应如何确定和测量？（3）以内在影响因素为视角，研究型购物者的渠道迁徙行为机制是什么？（4）内在影响因素视角下研究型购物者离线渠道向在线渠道迁徙行为机制与在线渠道向离线渠道迁徙行为机制是否存有差异？（5）企业该如何应对研究型购物者渠道迁徙问题？

通过对国内外消费者购买决策、消费者渠道迁徙行为和研究

17

型购物者渠道迁徙行为相关文献的系统整理和逻辑推理，基于技术接受模型、创新扩散理论、期望效用理论以及顾客价值理论，本书采用内容分析法和调查研究法等实证研究方法，确定了多渠道视角下研究型购物行为的内在影响因素的维度及其测量指标，并在此基础上构建了研究型购物者渠道迁徙行为模型。具体内容如下。

（一）研究型购物行为的内在影响因素的维度与测量

多渠道零售环境下，研究型购物行为应如何界定和测量？行为背后的内在影响因素又是什么？在实务界，研究型购物行为大量存在。在理论界，学者们对它的研究却还远远不够。本书采用内容分析法和调查研究法确定了研究型购物行为的内在影响因素的维度及其测量指标。研究结果表明，按照不同渠道迁徙方向的内在影响因素的主导性动机差异，研究型购物行为的内在影响因素可划分为两个维度：价值驱动型以及风险和成本规避型。产品类别和性别对研究型购物行为产生显著影响，转换成本在不同渠道迁徙方向中所起作用具有显著差异。尽管偶发性研究型购物行为在购物生活中比较普遍，但习惯性研究型购物行为却并不多见。本书对研究型购物行为的内在影响因素的维度及其测量指标的确定为后续相关研究奠定了理论基础，有助于零售企业更透彻地了解研究型购物者渠道迁徙行为，进而实现渠道保留和渠道锁定。

（二）研究型购物者离线渠道向在线渠道迁徙研究

随着电子商务和网络技术的发展，网络购物已经成为消费者最常用的购物方式之一。本书在整理国内外相关文献的基础上，基于技术接受模型、沉浸体验理论、创新扩散理论以及顾客价值理论，构建了研究型购物者离线渠道向在线渠道迁徙行为模型。在获取经验数据的基础上，采用 SPSS 和 AMOS 统计软件实证检验了研究型购物者离线渠道向在线渠道迁徙行为机制。研究结果表明，研究型购物者离线渠道向在线渠道迁徙的内在影响因素中不但有功能性价值还包括情感性价值，但功能性价值比情感性价值对在线购买行为的影响更显著。信息搜寻满意在感知有用性和感知易用性分别与在线购买意愿之间的关系中起部分中介作用，而在感知娱乐性与在线购买意愿之间的关系中起完全中介作用。

（三）研究型购物者在线渠道向离线渠道迁徙研究

本部分以在线渠道向离线渠道迁徙的内在影响因素为研究视角，采用 SPSS 和 AMOS 统计软件，实证探究了研究型购物者"反展厅"渠道迁徙行为模型。研究结果表明，在线环境下感知风险和感知成本通过离线购买意愿的中介作用进而显著影响离线购买行为，转换成本则直接显著影响离线购买行为。在线购买经验显著负向调节了感知风险与离线购买意愿之间的关系，而对感知成本与离线购买意愿之间关系的负向调节效应并不显著。在在线渠道向离线渠道迁徙过程中，研究型购物者对成本的感知比对风险的感知更强烈。

值得注意的是，对在线渠道价值的追求驱使研究型购物者离线渠道向在线渠道迁徙，如果恰好研究型购物者对在线信息搜寻体验也比较满意，在线购买意愿就会转化为在线购买行为。在这种情形下，离线渠道充当信息搜寻渠道，在线渠道是购买渠道。同样，在线感知风险、在线感知成本和转换成本引发了研究型购物者离线购买意愿，如果研究型购物者在离线渠道的购买体验也比较愉快，离线购买意愿就会转化成离线购买行为。在这种情形下，在线渠道充当了信息搜寻渠道，离线渠道是购买渠道。在日常购物生活中，价值驱动型以及风险与成本规避型并不是相互独立，而是相互联系。就离线渠道向在线渠道迁徙而言，对在线渠道价值的追求会驱使研究型购物者离线渠道向在线渠道迁徙，但是否真的会完成整个迁徙行为还要取决于在线信息搜寻是否满意以及在线购买意愿能否转化为实际购买行为。如果研究型购物者对在线信息搜寻体验并不满

意，他们仍然会回归离线渠道购买。在这类购买过程中，在线渠道
充当了最后的信息搜寻渠道，而离线渠道才是最终的购买渠道。换
句话说，研究型购物者搭载了在线渠道购前信息便车，实施了风险
和成本规避型研究型购物行为。同样，在线感知风险、在线感知成
本和转换成本会驱使研究型购物者在线渠道向离线渠道迁徙，但如
果研究型购物者对离线购买体验并不满意，他们在再三权衡之后可
能仍然回归在线渠道购买。在这类购买过程中，离线渠道充当了最
后的信息搜寻渠道，而在线渠道成了最终的购买渠道，研究型购物
者搭载了离线渠道购前信息服务便车，实施了价值驱动型研究型购
物行为。本书的研究框架如图1-5所示。

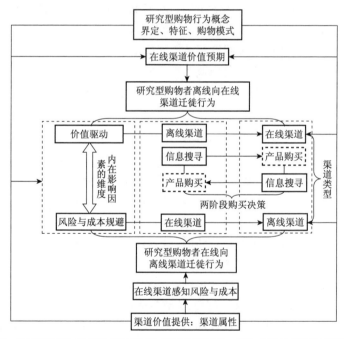

注："产品购买"的虚线方框表示为以下两种情形：（1）如果购买行为真实发生，
则表示为产品购买渠道。（2）如果购买行为没有发生，则表示为信息搜寻渠道。

图1-5　研究框架

二、技术路线

本书的技术路线如图1-6所示。在收集、梳理和归纳相关文献的基础上，结合企业实地考察，界定了多渠道环境下研究型购物行为内涵、行为特征以及渠道迁徙行为模式。通过对技术接受模型、创新扩散理论、期望效用理论以及顾客价值理论的讨论，阐述了这些理论对研究型购物者渠道迁徙行为解释的合理性。本书核心研究的具体内容如下所述。

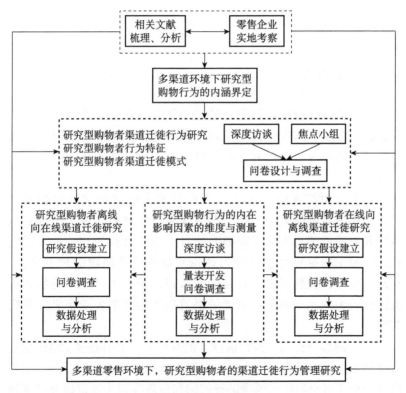

图1-6 技术路线

首先，在相关文献和理论的基础上，本书采用内容分析法和调查研究法确定了研究型购物行为的内在影响因素的维度及其测量指标。其次，在内在影响因素维度和测量指标确定的基础上，构建了研究型购物者离线渠道向在线渠道迁徙和在线渠道向离线渠道迁徙的行为模型。再次，本书的每一个研究都对研究结论进行了充分讨论，以期为零售企业提供管理借鉴。最后，总结全书并对后续研究进行展望。这部分内容既梳理和总结了本书的主要研究发现，也点明了研究缺陷并对后续研究做了展望。

第五节　研究方法与结构安排

一、研究方法

本书采取理论研究和实证研究相结合，以实证研究为主的研究思路。在实证研究中，先采取质化研究，初步探索研究假设的可行性，再通过量化研究，验证研究假设。具体涉及的研究方法如下。

（1）文献综述法。文献综述是对前人研究贡献的归纳和总结，是本书后续研究的基础。本书搜集、归纳和整理了国内外与消费者渠道迁徙行为和研究型购物者渠道迁徙行为相关的文献资料，回顾了理论界对消费行为理论和渠道迁徙问题的相关研究。在此基础上，找到了本书研究的切入点，明确了研究型购物者渠道迁徙行为内涵与外延，厘清了渠道迁徙模型中各变量之间逻辑关系。

（2）内容分析法。在访谈设计的基础上，本书通过半结构化访谈收集描述研究型购物行为的内在影响因素的原始陈述题项，采用内容分析法对原始陈述题项进行归纳和整理并初步确定研究型购物行为的内在影响因素的维度及其测量指标。同时，检验了初始测量量表的信度和效度。

（3）调查研究与统计分析法。调查研究法主要用于研究型购物行为的内在影响因素以及研究型购物者渠道迁徙行为经验数据收集以及行为测量。首先，根据研究假设确立调查问卷，通过科学的抽样，收集研究型购物者渠道迁徙行为经验数据，对被调查者的历史体验或既有态度进行测量。在研究型购物行为的内在影响因素及研究型购物者渠道迁徙行为经验数据收集的基础上，采用 SPSS 及 AMOS 统计软件对所获数据进行分析。本书在进行探索性因素分析和验证性因素分析时，充分运用了描述统计、因子分析、信度和效度分析、中介检验以及调节检验等统计分析方法。

二、结构安排

本书对研究型购物者渠道迁徙行为进行了研究，整个研究由六个部分组成，各个组成要素的主要内容如下所述。

第一章，绪论。本章在介绍本书研究背景前提下，提出了本书研究主题和研究内容，明晰了研究的理论意义和实践意义，界定了渠道及渠道类型、多渠道行为、消费者渠道迁徙行为和研究型购物者渠道迁徙行为概念和内涵。同时，确定了所要采用的研究思路与研究方法，最后对研究的创新点进行阐述。

第二章，文献综述及理论基础。本章回顾并评述了消费者渠道迁徙行为、研究型购物者渠道迁徙行为、研究型购物行为准则及其理论基础的相关文献。在梳理、归纳和讨论国内外相关文献的基础上，找出了前人研究不足和空白点，进而提出了本书的切入点和创新之处。

第三章，研究型购物行为的内在影响因素的维度与测量。本章在研究型购物行为相关文献的基础上，界定了研究型购物行为的概念和内涵。在概念和内涵界定的基础上，采用内容分析法，通过访谈收集原始陈述题项并对原始陈述题项进行归纳和整理，进而确定了研究型购物行为的内在影响因素的维度及其测量指标并对初始测量量表进行信度和效度检验。通过问卷调查法收集经验数据，采用SPSS 和 AMOS 统计软件对经验数据进行分析和验证，最终确定了研究型购物行为的内在影响因素的维度及其测量指标。

第四章，研究型购物者离线向在线渠道迁徙行为研究。本章针对研究型购物者"展厅"渠道迁徙行为，在归纳和整理消费者渠道迁徙行为及研究型购物者渠道迁徙行为相关文献的基础上，基于技术接受模型、沉浸体验理论、创新扩散理论和顾客价值理论构建了研究型购物者离线渠道向在线渠道迁徙行为模型，探讨了对在线渠道价值的追求是如何驱使研究型购物者离线渠道向在线渠道迁徙问题。

第五章，研究型购物者在线向离线渠道迁徙行为研究。本章针对研究型购物者"反展厅"渠道迁徙行为，在归纳和整理消费者渠道迁徙行为以及研究型购物者渠道迁徙行为相关文献的基础上，构建了研究型购物者在线渠道向离线渠道迁徙的行为模型。探讨了在线感知风险、在线感知成本以及转换成本是如何驱使研究型购物者在线渠道向离线渠道迁徙问题，同时还检验了在线购买经验的调节作用。

第六章，研究总结和展望。本章总结了本书的研究结论和获得的主要研究成果。在整理并归纳出本书理论价值前提下，为零售企业针对研究型购物者渠道迁徙问题提出相应的应对策略。最后，指出了研究不足和对后续研究进行展望。

第六节　本书的创新点

本书基于心理学、消费者行为学以及信息技术学等多个学科理论，采用内容分析法，确定了研究型购物行为的内在影响因素的维度及其测量指标。在此基础上，实证研究了研究型购物者离线渠道向在线渠道迁徙以及在线渠道向离线渠道迁徙行为机制。本书的创新之处主要体现在以下几个方面。

（1）确定了研究型购物行为的内在影响因素的维度及其测量指标。本书根据研究型购物者渠道迁徙行为的主导性动机差异将研究型购物行为的内在影响因素划分为两个维度：价值驱动型以及风险和成本规避型。研究型购物者离线渠道向在线渠道迁徙的主导性动机是趋利，即对在线渠道价值的追求，在线渠道向离线渠道迁徙的主导性动机则是避害，即出于规避在线购买风险以及成本的考虑。因此，研究型购物行为的内在影响因素的维度及其测量指标的确定为后续相关研究奠定了理论基础。

（2）构建了研究型购物者在线渠道向离线渠道迁徙行为模型。由于包括移动渠道在内的在线渠道的快速发展，学术界目前对渠道迁徙行为的主流研究是离线渠道向在线渠道迁徙、离线渠道向传统互联网渠道迁徙、离线渠道向移动互联网渠道迁徙以及传统互联网渠道向移动互联网渠道迁徙，而在线渠道向离线渠道迁徙的相关研究却非常少。事实上，在家具、建材和珠宝等行业，在线信息搜寻后离线渠道购买的"反展厅"渠道迁徙行为仍然十分普遍。因此，探讨研究型购物者在线渠道向离线渠道迁徙行为为解释"反展厅"渠道迁徙行为提供了理论依据，也为后续对消费者渠道迁徙行为研究提供了新的研究视角。

（3）明晰了转换成本在不同渠道迁徙方向的作用。以往大多数文献只是笼统地研究了渠道转换成本与渠道迁徙行为的关系，并没有明确指出转换成本在不同渠道迁徙方向中所起作用的差异。本书通过访谈发现，在离线渠道向在线渠道迁徙过程中，研究型购物者并没有明显地感受到转换成本的存在，而在在线渠道向离线渠道迁徙过程中，转换成本则显著影响研究型购物者的渠道迁徙行为。

（4）提出了针对研究型购物者渠道迁徙问题的渠道留存管理方案。根据研究结论，针对研究型购物者渠道迁徙问题，本书为零售商渠道建设和渠道管理提出了相应的应对策略，这些策略大致可以归纳为两个方面："防"和"疏"，其中"防"是指防止研究型购物者迁徙到其他类型渠道的其他零售商那里购买所需产品和服务，从而实现渠道锁定和渠道保留。"疏"则是指引导研究型购物者在零售商自建的多渠道中迁徙，从而实现跨渠道顾客保留。

第二章

文献综述及理论基础

　　研究型购物者渠道迁徙行为实际上既是一种渠道搭便车行为，也是一种两阶段跨渠道购买行为。为了系统、全面和科学地对研究型购物者渠道迁徙行为进行研究和具体了解该行为背后的内在影响因素及其行为机制，需要对消费者渠道迁徙行为、研究型购物者渠道迁徙行为、研究型购物行为准则和理论基础的相关文献进行归纳和整理。在此基础上，找出并探讨现有研究的不足之处和研究空白点，进而提出本书的研究主题和研究内容。

第一节　消费者的渠道迁徙行为

一、渠道选择行为的影响因素

　　多渠道零售环境下，可供消费者选择的渠道越来越丰富，消费者多渠道购物行为也比单一渠道下的购物行为更加复杂多变，因此，探究消费者复杂多变的渠道选择行为背后的影响因素就显得十分必要。出于解决现实问题的需要，理论界越来越多的研究者把目光投向探索影响多渠道零售环境下消费者渠道选择行为的因素上。

　　基于推—拉—停泊理论，以消费者特质、渠道属性以及外界环境为研究视角，刘立等（2014）实证探讨了驱使消费者离线渠道向在线渠道迁徙的影响因素。研究结果表明，推力作用（价格因素和

时间成本等）和拉力作用（迁徙成本和服务保证等）均显著正向
影响消费者离线渠道向在线渠道迁徙意向，而锚定作用（渠道吸引
力和搜寻便利性等）则显著负向影响迁徙意向。具体模型如图2-1
所示。

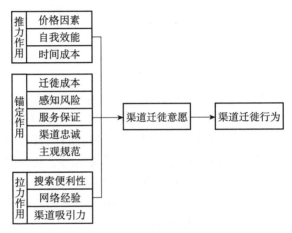

图 2-1 刘立等（2014）消费者渠道迁徙影响因素模型

申巴赫勒尔和戈登（2002）按照渠道选择将购物者划分为三类
购物群体：单一渠道购物者、多渠道购物者和非购物者，同时从风
险感知、以往购买经历、产品类别和购物网站设计等多个角度对购
物者渠道选择行为进行分析并由此建了一个思辨层面的概念模型。
具体如图2-2所示。

在查阅以往文献以及访谈的基础上，以金融服务业顾客为研究
对象，布莱克等（2002）构建了一个渠道选择理论模型，研究结果
表明商品、组织、渠道和消费者本人都会对渠道选择行为产生影
响。尼斯林等（2006）对消费者渠道选择行为的影响因素进行了研
究，结果显示影响行为的因素主要有以下三个：消费者主观感知与
个人偏好、消费者先前购物经验与情感体验以及消费者对供应商和
购买渠道的综合考虑。布林尤尔夫松和史密斯（2000）认为，购物

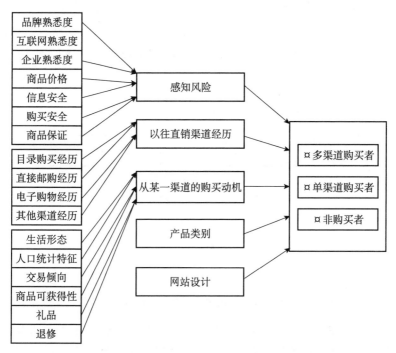

图 2 - 2　申巴赫勒尔和戈登（2002）的渠道选择概念模型

者的价格期望会影响他们对购买渠道的选择。约翰逊（2008）的研究则表明，购物者的渠道选择行为受到产品特征、渠道转换成本以及效率的影响。购物者的风险偏好也会影响他们对购买渠道的抉择（多拉凯亚等人，2005）。崔敬东（2005）从顾客、渠道以及产品等视角，对银行顾客渠道选择意愿进行了研究。王全胜等（2010）研究了不同客户群对银行服务渠道选择行为背后的驱动因素，结果显示理性型客户群和保守型客户群在服务渠道选择方面存在差异。

　　文卡特桑等（2007）研究指出，购物者的购物决策显著受到购物者本人与零售商互动程度的影响，在此基础上，互动还会进一步影响渠道转换行为。福尔克等（2007）对银行业的消费者进行了问卷调查，通过数据分析发现自助服务系统的感知有用性受银行实体

渠道满意度的负向影响，而满意度对系统的感知风险具有正向影响
且影响在性别、年龄以及互联网使用熟悉程度等方面有显著差异，
对男性、老年和初涉互联网的消费者影响更显著。具体如图 2 - 3
所示。

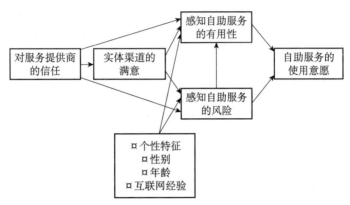

图 2 - 3　福尔克等人（2007）的消费者多渠道选择的评价冲突研究模型

　　胡正明和王亚卓（2011）探讨了多渠道零售情境下影响消费者
对实体渠道和网络渠道选择的因素，通过相关文献梳理发现，购物
者因素、产品因素、渠道因素以及情境因素对渠道选择行为产生影
响①。具体如图 2 - 4 所示。

　　在收集、梳理和总结相关文献的基础上发现，影响消费者渠道
选择行为的主要因素大致可以划分为零售商因素、渠道特征因素、
情境因素、消费者因素以及产品因素五个方面。

（一）零售商因素

　　多渠道零售环境下，零售商的商业行为会影响购物者的渠道选
择行为。一些研究显示，零售商开展有差异的促销活动能够引导购

---

　　①　胡正明，王亚卓．基于中国多渠道情境下消费者购买选择研究［J］．东岳论丛，
2011，4（4）：178 - 180．

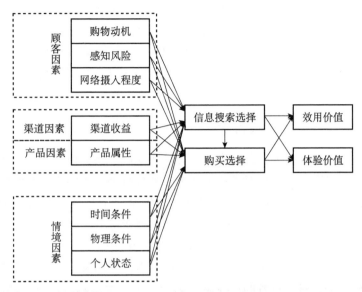

图2-4　胡正明和王亚卓（2011）的消费者多渠道购买选择理论模型

物者选择特定的购物渠道（伯克2002；迈尔斯等人，2004）。安萨里等（2008）的研究结果显示，电邮和目录营销方式对购物者渠道选择行为存在影响，电邮营销方式能有效地引导购物者使用在线渠道进行购物。零售商在不同类型购物渠道所提供服务水平的差异也能影响购物者对购买渠道的选择，如现在很多零售企业在移动渠道向消费者提供大量促销活动，吸引了越来越多的消费者使用移动渠道进行购物。多渠道零售企业的渠道整合策略和质量也会对购物者渠道选择行为产生影响。蒙托亚・魏斯等（2003）和本多利等（2005）的研究表明，渠道整合质量显著影响购物者渠道选择行为，如多渠道零售商为购物者提供线上下单后门店提货的服务时，将会引导购物者同时使用在线渠道和离线渠道进行购物。伯克（2002）研究指出，零售商在在线渠道发布实体店地址能有效促进消费者在该实体店购买产品。另外，零售商声誉也会显著影响消费者渠道选择行为。李和谭（2003）研究指出，出于对购买风险的考虑，消费

者很少会在不出名的在线零售商购买商品或服务①。戈特和扬
（2004）的研究也显示，零售商声誉、比较优势以及商品多样性和
稀缺程度都会影响购物者渠道选择偏好。麦克唐纳（1993）的研究
也表明，产品多样化、自身声誉和比较优势以及购买便利性等因素
都会影响消费者对彼此博弈的目录零售商的选择偏好。

（二）渠道特征因素

一些文献表明，渠道特征（如购买风险、购买便捷性、服务质
量以及交易成本等）对消费者的渠道选择行为产生影响。在线购物
时隐私保护问题、购买风险以及支付安全是消费者非常关注的问
题，而在实体店进行购物时，这些问题则变得不是很重要（范霍夫
等人，2007）。尼斯林等（2006）指出，在线渠道特征（如网页设
计富有品味、容易使用、使人容易产生愉悦感以及信息搜索操作简
便等）都会对消费者的在线渠道选择行为产生影响。伯克（2002）
更强调购物网站的重要性，高效、简单、易用和富有美学效果的购
物网站是吸引消费者进行网络购物的重要因素，而安全性、响应性
以及个性化服务则是吸引消费者进行离线购物的关键因素。李和谭
（2003）研究指出，在注重规避购买风险的情境下，消费者更偏好
从离线渠道购买产品或服务。渠道属性还会影响消费者在不同购买
阶段的渠道选择行为，如在信息搜寻阶段，由于在线渠道信息搜寻
成本低，消费者更倾向通过在线渠道搜寻信息。而离线渠道为消费
者提供了一个真实的购物环境，因此风险规避型消费者可能更喜欢
从离线渠道购买产品和服务。阿恩等（2004）构建了网上因素和网
下因素影响使用意愿的机制模型，该研究模型显示了网上因素和网
下因素会通过感知易用和感知有用的中介作用影响消费者态度，进

---

① Lee K S, Tan S J. E-retailing Versus Physical Retailing: A Theoretical Model and Empirical Test of Consumer Choice [J]. Journal of Business Research, 2003, 56 (11): 877 – 885.

而对消费者使用意愿产生影响。具体研究模型如图 2 - 5 所示。

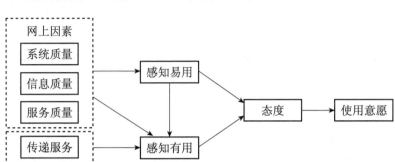

图 2 - 5　阿恩等人（2004）的网上和网下特征影响使用意愿模型

（三）情境因素

情境因素和某一特定的时空相关联。贝尔克（1975）研究认为，就购买行为而言，情境因素包括以下四个维度：物理环境、时间、任务以及社会条件。戈特和扬（2004）的研究显示，情境因素显著影响消费者选择在在线渠道或目录渠道购买的行为意图[①]。不同的学者对情境因素的维度划分会有所不同，但情境因素大致包括以下五个维度：物理环境、购物时间、心情、社会条件和任务。在购买时间比较紧缺的情境下，消费者可能会以便捷为原则选择购买渠道，而不会着重考虑商品价格和渠道类型等因素。而在购物时间比较充足的情境下，消费者可能会更多关注商品价格、品质以及售后服务等因素。如果为亲朋好友购买礼物时，消费者可能会更关注商品品质和包装等因素，而给自己购买时则会着重考虑商品价格。

① Gehrt K C, Yan R. Situational, Consumer, and Retailer Factors Affecting Internet, Catalog, and Store Shopping［J］. International Journal of Retail&Distribution Management, 2004, 32（1）：5 - 18.

尼科尔森等（2002）研究指出，一共有五类情境因素会影响消费者渠道选择行为，这些情境因素包括社会条件（如和亲朋好友一起购买以及与实体店营销人员沟通和交流等）、时间条件（如购买时间是否充足等）、心情、物理环境（如实体店远近、天气状况以及实体店内购物氛围和拥挤状况等）和购买任务（如所要购买的产品类别等）。

（四）消费者因素

消费者个人因素会影响他们对购物渠道的选择与偏好。这些个人因素包括人口统计学因素（如个人收入、受教育情况、性别、年龄以及家庭人数等）、心理因素（如对购买风险的喜恶与个人创新品质等）以及行为因素（如网络购物经验与网络使用经验等）。早期研究者把主要精力投在人口统计变量（如个人收入、性别、受教育情况、年龄、家庭人数以及所居住地区等）对消费者渠道选择行为影响的研究上。如戈特和扬（2004）研究认为，消费者使用何种购物渠道受到个人因素的影响，老年群体可能更加关注产品价格、质量和购物氛围，而年轻群体则更在意购买便捷性。随着在线渠道越来越普及，与消费者生活方式、自我效能、消费者创新性以及购物技能对渠道选择影响的相关研究也逐渐浮现出来。卢尼等（2008）的研究显示消费者自我效能正向影响在线渠道使用偏好。一些文献也表明，多渠道消费者与单一渠道消费者在性别、受教育程度、经验、自我效能、收入、职业、购买动机和态度等方面都存在差异。根据本研究的需要，本书主要详细介绍消费者因素。

1. 购买动机

购买动机解释了消费者购买行为的内在驱动因素。一般而言，可以从生理和心理两个视角考察消费者的购买动机。生理层面的购买动机具有反复性与经常性特征，与消费者生理需要相关联。而心理层面的购买动机则具有匿而不见以及多样性特征。在日常购物生活中，消费者购买活动通常由生理和心理动机共同影响。不同消费者的购物动机可能各不相同，有些消费者可能只是想获得产品的功能性价值，而有些消费者则在获得产品功能性价值的同时还在乎购物活动中的情感享受。尽管消费者一次购买行为可能具有多种购物动机，但这些动机中存在一个主导动机。按照主导动机的差异，有学者将消费者动机划分为两个维度：目标导向型消费者和情感体验型消费者（霍夫曼和诺瓦克，1996；沃芬伯格和吉莉，2001；麦斯维克等人，2002）。

多渠道零售环境下，消费者的购物动机更加复杂，如追求购买便利会选择在线渠道购买，追求购物体验会选择离线渠道购买，追求产品性价比则在不同类型渠道中进行权衡以达到购买效用最大化的目的。里尔登和麦科克尔（2002）的研究指出，消费者在考虑选择使用何种渠道进行购物时，会综合衡量时间、金钱以及感知收益①。相比通过离线渠道进行购物的消费者而言，网络购物者的购物动机呈现出一些新变化。网络购物者通过在线渠道购买不但可以实现产品或服务的购买功能，还可以在网络社区与其他消费者交流购买心得以及产品或服务体验情况以实现交流动机。网络购物过程可以不被外人干扰和所购买产品可以要求商家保密，因此网络购物可以有效地满足消费者的隐匿动机。通过网络渠道购买，不仅价格相对便宜还可以享受频繁的打折促销活动，因此网络购物可以满足消费者求廉动机。网络购物者不但可以自由穿梭各大购物网站，浏览精美的产品图片，还可以和客服人员自由沟通，这些都可以满足消费者的享乐需求。伊盖（2004）的研究指出，年轻人不但喜欢通过互联网关注他们比较关心的话题，还会通过互联网来娱乐、放松自己以及学习相关知识。同时，网络购物没有时间和空间限制并且还可以享受送货上门服务，因此通过网络购买可以有效地满足消费者的求便动机。

① Reardon J, Mccorkle D E. A Consumer Model for Channel Switching Behavior [J]. International Journal of Retail & Distribution Management. 2002, 30 (4): 179-185.

2. 网络涉入程度

消费者先前购买经验会影响后续购买行为，网络购物也是如此，互联网经验和网络购物经验都会对网络购物行为产生影响。多尔顿和德鲁（1991）以电话服务为研究对象，结果发现消费者以往对这项服务的态度会对当前服务的态度具有显著影响。消费者互联网经验越充足，就越知晓如何才能快速地找到所需产品或服务的相关信息，网络购物操作也会越简单。因此，网络购物经验越充足的消费者越有可能从离线渠道迁徙到在线渠道。诺夫卡等（2000）的研究显示，消费者对网站的态度受到互联网经验和技能的影响。赖纳茨等（2000）的研究也表明，消费者互联网经验丰富程度正向影响消费者对网站的态度，经验越丰富的消费者对网站的态度越友好。里特思和艾尔斯特（2004）研究指出，消费者有无网络购物经验显著影响他们对在线零售商的信任，与缺乏网络购物经验的消费者相比，先前有过网络购物经验的消费者对在线零售商更加信任。

3. 感知风险

鲍尔（1960）首次将"感知风险"从心理学引入市场营销学，他指出消费者的购买结果具有不确定性，而这种不确定性可能给消费者带来负面影响，由此他认为消费者承担了一定的购买风险。桑德拉等（2003）将"网络感知风险"理解成"消费者在网络购物时主观地认为可能给他们带来风险的预先判断"。坎宁安（1967）认为，感知风险由两个方面组成：不确定因素出现的可能性和不确定因素可能造成的后果。与此同时，他还指出感知风险＝结果×发生率的计算公式。不但消费者对风险的态度会影响他们的渠道选择行为，而且其对风险的认识程度和接受程度也都会影响他们对购买渠道的选择。风险规避型购物者的忠诚度通常比较高，因为他们不习惯从原来熟悉的购买渠道转向不熟悉的购买渠道（古普塔等，2003）。

（五）产品因素

很多学者的研究都表明产品类别会影响渠道选择（巴拉萨布拉

曼兰等，2005；基恩等，2004；兰加斯瓦米和范·布鲁根，2005；布莱克等人，2002）。古普塔等（2004a）指出，消费者更可能通过在线渠道购买搜索特征明显的产品（如书籍等），而更倾向在实体店购买体验型产品（如香水和珠宝等）。马哈詹等（2002）研究表明，消费者更加愿意通过在线渠道购买数字化产品以及搜索特征比较明显和标准化程度比较高的产品。伯克（2002）研究发现，就高购买频率的产品（如日常用品和护肤品等）而言，消费者表现出的多渠道购买意愿并不十分浓厚。Liang 梁和 Huang 黄（1998）通过实证研究发现，产品类别影响在线购买行为。蒋等（2006）的研究表明，就书籍购买而言，消费者更愿意选择信息搜寻更便捷的购买渠道；购买鲜花时，消费者倾向选择能提供良好售后服务的购买渠道；就食品购买而言，消费者则更喜欢在产品信息比较对称的渠道中购买。

综上所述，不难发现，大多数学者主要从零售商因素、渠道特征因素、情境因素、消费者因素以及产品因素五个角度对消费者渠道选择行为进行了研究。产品因素包括产品类别、产品价格、产品质量和购买量等，消费者因素包括感知风险、性别、经验和价格敏感性等，零售商因素包括规模、形象、声誉、服务品质和价格与促销战略等，渠道因素包括网站设计、渠道成本、渠道类型、易用性、渠道质量和渠道组合等，情境因素包括可用时间、购买任务、产品可得性、主观规范和信息影响等。具体如表 2－1 所示。

表 2－1　　　　消费者渠道选择行为研究文献汇总

影响因素层面	消费者渠道选择行为
产品因素	产品类别、产品价格、产品风险、产品质量、商品信息、购买量、价格折扣水平
消费者因素	感知风险、过去渠道经验、购买动机、购物经历、人口特征、性别、互联网使用经历、渠道感知价值、消费者生命周期阶段、年龄、收入购买频率、交流频率、愉快、激励、价格敏感性、价格预期

续表

影响因素层面	消费者渠道选择行为
零售商因素	零售商规模、零售商形象、零售商服务、零售商特征、声誉、沟通、零售商信息共享、价格与促销战略
渠道因素	网站设计、渠道风险、渠道可获得性、渠道成本、渠道便利、易用性、可选渠道、渠道质量、购买旅行成本、渠道类型、渠道复杂度、密度、渠道组合、价格形式
情境因素	购物导向、时间、购物任务、产品可获得性、主观规范、信息影响

二、渠道相互关系

多渠道环境下，各种类型的渠道并不相互独立，而是相互联系和相互作用，这种彼此间的联系和作用可能会影响消费者的渠道抉择。因此，有必要对渠道间相互关系的相关文献进行归纳和总结。

权和列侬（2009a）对多渠道零售环境下离线和在线品牌形象的相互促进关系进行了研究，研究结果显示，消费者感知离线品牌形象影响他们对在线品牌的信念，在线绩效对消费者感知离线品牌信念也存在影响；离线和在线品牌态度受到多方面的影响，包括各自渠道本身的影响和除自身渠道以外其他渠道的影响。具体如图 2－6 所示。权和列侬（2009b）的另一个研究探讨了离线和在线的品牌交互作用与在线渠道感知风险和忠诚度之间关系，研究结果表明在线渠道的品牌形象在离线渠道的品牌形象与消费者离线忠诚意愿之间的关系中起中介作用。具体如图 2－7 所示。

尚卡尔等（2003）研究了酒店订购者在离线环境和在线环境下的满意度与忠诚度是否存在差异，结果显示在线环境下的满意与忠诚之间的互惠关系较离线环境中两者的互惠关系更显著；同时研究还表明满意度在这两种情境下不存在显著差别，而在线情境下消费

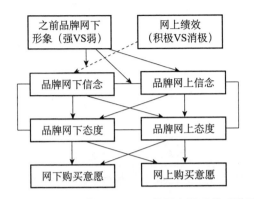

图 2 - 6 权和列侬（2009a）的网上网下关系模型

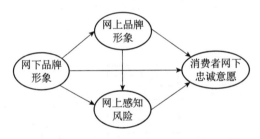

图 2 - 7 权和列侬（2009b）的网下和网上品牌形象关系模型

者的忠诚度要高于离线情境下的忠诚度。离线渠道和在线渠道整合质量能增强购物者在多渠道零售商的购物体验，进而有助于强化多渠道零售商的品牌形象和增强顾客忠诚度（拜勒，2006；杰芬，2000；哈文，2000）。范·卑尔根等（2006）的研究显示，实体柜台银行与网络银行的满意度存在交互效应并且这种效应会影响客户对银行的接纳意愿。

以日本旅游消费者为研究样本，冈崎和广濑（2009）实证研究了性别对信息搜寻渠道选择的影响，研究发现离线渠道和传统互联网渠道情境下的渠道满意对移动互联网渠道的使用习惯具有负向作用，同时移动互联网渠道的使用习惯又负向影响旅游消费者对离线渠道和传统互联网渠道的态度①。具体如图 2-8 所示。

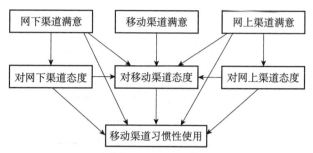

图 2-8　冈崎和广濑（2009）的信息搜索中的渠道使用选择模型

　　厄佐克和韦（2010）对传统互联网渠道和移动互联网渠道之间的关系进行了验证性研究，结果发现移动互联网渠道与传统互联网渠道之间存在互惠关系，而不是相互蚕食的竞争关系。具体如图 2-9 所示。

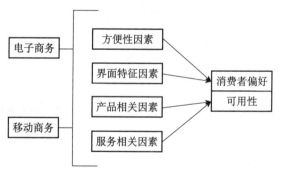

图 2-9　厄佐克和韦（2010）的电子商务和移动商务差异比较

三、消费者渠道迁徙行为

　　总体而言，目前对多渠道行为研究的相关文献主要集中在两个

　　①　Okazaki S，Hirose M. Does Gender Affect Media Choice in Travel Information Search? On the Use of Mobile Internet ［J］. Tourism Management，2009，30（6）：794-804.

方面：一方面是从企业的角度研究多渠道零售环境下的渠道成员行为，如渠道成员的权利和义务、渠道控制以及渠道冲突与协调等。另一方面是从消费者的角度探讨多渠道零售环境下消费者行为，如渠道保留行为和渠道迁徙行为等。对消费者渠道迁徙行为的研究大致又可以划分为两个方面，一方面主要研究消费者渠道间的迁徙行为，这类迁徙行为是指两个购买渠道之间的迁徙行为，并不涉及购买阶段。另一方面主要研究分阶段跨渠道购买的渠道迁徙行为，如研究型购物者的渠道迁徙行为。换句话说，消费者的渠道迁徙行为既包括两个购买渠道之间的转换行为，也包含分阶段跨渠道购买的渠道迁徙行为。研究型购物行为是一种两阶段跨渠道购买的渠道迁徙行为，因此消费者的渠道迁徙行为与研究型购物者的渠道迁徙行为是包含与被包含的关系，具体如图 2-10 所示。出于研究的需要，本小部分只讨论消费者的渠道间迁徙行为，而对两阶段跨渠道购买的研究型购物者渠道迁徙行为放在本章第二节进行单独讨论。

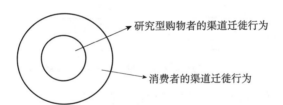

图 2-10 消费者的渠道迁徙行为与
研究型购物者的渠道迁徙行为之间的关系

学术界目前对渠道迁徙行为的研究还不成熟，渠道迁徙行为研究仍然是一个有待发掘的领域。尽管如此，少数学者还是从不同视角对消费者渠道迁徙行为进行了一些初步探讨。基乌等（2011）研究认为，消费者使用多种渠道进行购买与消费者自我效能以及多渠道零售商渠道整合水平相关，如果多渠道整合水平高以及消费者自我效能较低，消费者就不容易进行渠道迁徙。安萨里等（2008）研究指出，消费者特征、零售商营销活动以及消费者渠道体验都会显著作用渠道转换行为①。库瓦哈和尚卡尔（2006）研究则显示，渠道转换行为受消费者特征和人口统计变量的影响。库马尔和文卡特桑（2005）的研究显示，交叉购物者（cross - buyer）更容易发生渠道迁徙行为，并且这类购物者的比其他购物者具有更高的重复购买率。古普塔等（2004）构建了消费者网下向网上转移理论模型，基于337份有效样本数据，采用回归方法实证检验了研究模型。研究结果表明，消费者对渠道风险、价格搜索意愿、评价努力、递交时间和搜索努力五个方面的感知差异显著影响离线渠道向在线渠道迁徙行为。具体如图2－11所示。

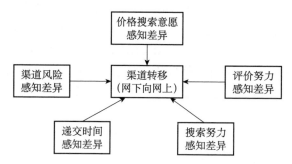

图2－11　古普塔等人（2004）的渠道转移模型

基于效价理论和创新扩散理论，曹玉枝等（2013）以用户银行使用意愿为研究目标，构建了消费者线下银行向线上银行迁徙意愿模型并采用结构方程对研究模型进行检验。研究显示，离线环境下消费者创新性显著正向影响迁徙意愿，而使用习惯则显著负向影响迁徙意愿；在线环境下，感知相对收益显著正向影响迁徙意愿，感知风险则负向影响迁徙意愿，但影响并不显著。此外，文章还实证检验了网上银行使用经验和互联网使用经验的调节作用。具体如图2－12所示。

---

① Ansari A，Mela C F，Neslin S A. Customer Channel Migration ［J］. Journal of Marketing Research，2008，45（1）：60－76.

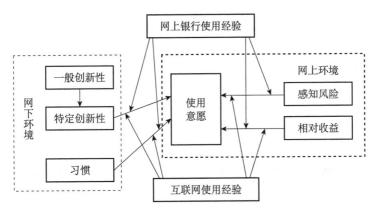

图 2 - 12　曹玉枝等（2013）的网下至网上渠道迁徙意愿模型

基于感知整体理论和内部传递理论，杨水清（2012）实证研究了用户线下银行向线上银行迁徙行为[①]。结果表明，实体渠道服务质量通过感知整体性显著影响联网渠道的感知服务质量，进而对互联网渠道扩展意愿产生显著影响。同时，互联网渠道服务的感知质量在实体渠道服务质量和感知整体性分别与互联网渠道扩展意愿之间的关系中起中介作用，个体创新不但调节实体渠道服务质量与感知互联网渠道服务质量之间的关系，而且还会对互联网渠道扩展意愿产生直接影响。具体如图 2 - 13 所示。

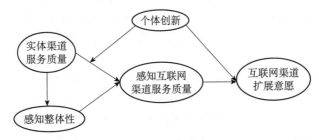

图 2 - 13　杨水清（2012）的从实体渠道到互联网渠道的渠道扩展模型

---

①　杨水清. 基于消费者视角的渠道扩展与选择行为研究［C］. 华中科技大学博士论文，2012.

基于信任传递理论和感知整体性理论，Yang 杨等（2008）对消费者从离线渠道向在线渠道迁徙进行了实证研究，结果表明，信任传递在消费者渠道迁徙行为中扮演十分重要的角色，对离线渠道的信任是影响消费者是否接受在线渠道的关键因素。具体如图 2－14 所示。对多渠道零售商而言，消费者对同一多渠道零售商的实体店的信任会显著影响他们对多渠道零售商在线渠道的信任。因此，树立消费者对实体店的信任对多渠道零售商至关重要。

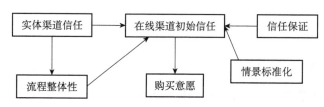

图 2－14　杨等人（2008）的实体店渠道向在线渠道转移模型

移动互联网时代，移动商务发展迅猛，越来越多的消费者手持智能手机等移动终端设备随时随地进行购买活动。基于推—拉—停泊理论，曹玉枝（2012）构建了消费者从线下向线上转移使用手机银行的意愿模型，并采用问卷调研方法进行了实证研究。结果表明感知手机银行的普遍连接显著拉动用户手机银行使用意愿，而网下渠道的满意对推动消费者手机银行使用意愿的作用并不显著。同时，就停泊因素而言，手机银行学习成本对手机银行使用意愿的阻碍作用并不明显，感知手机银行风险对使用意愿的阻碍作用则显著。具体如图 2－15 所示。

曾艳等（2009）实证探讨了 SNS 用户使用迁徙意向，研究结果表明 SNS 使用迁徙意向的推力因素来源于用户对原有 SNS 相关政策的不满，拉力因素主要来源于新 SNS 所具有的相对优势，而停泊因素（转换成本）对用户 SNS 迁徙意向的影响并不显著。曹等（2015）从技术和价值视角出发，探讨了消费者从传统互联网渠道向移动互联网渠道迁徙行为机制。采用问卷调研方法，实证检验了研究模型。结果发现感知价值差异和感知技术差异的各维度都对渠道使用转移均具有显著影响。具体如图 2－16 所示。

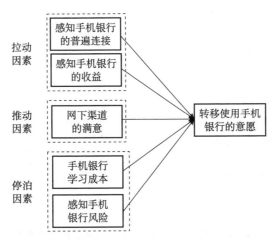

图 2－15 曹玉枝（2012）的从实体渠道转移使用手机银行意愿模型

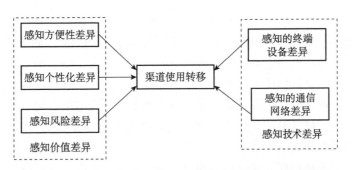

图 2－16 曹等人（2015）的在线至移动互联网使用转移模型

杨等（2014）以同一多渠道零售商所提供的传统互联网渠道和移动互联网渠道为研究载体，采用结构方程模型，实证研究了消费者从传统互联网渠道向移动互联网渠道迁徙模型。同时，基于分类理论，把迁徙意愿的影响因素归类为以下三类：传统互联网渠道与移动互联网渠道的关系、传统互联网渠道评估以及移动互联渠道评估。研究结果表明，传统互联网渠道与移动互联网渠道的关系和传统互联网渠道评估的各维度会通过移动互联网渠道各维度的中介作用进而显著影响移动服务使用意愿。具体如图 2－17 所示。

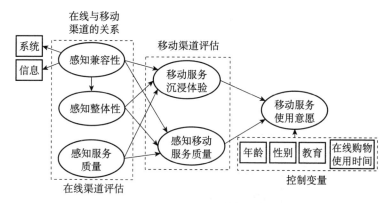

图 2－17　杨等人（2014）的在线渠道向移动渠道
服务使用转移意愿模型

　　基于推—拉—停泊理论，赖等（2012）实证研究了消费者从离线渠道或传统互联网渠道向移动互联网渠道迁徙行为机制。如图 2－18 所示。该模型的推动因素包括不方便性一个维度，停泊因素包括高转移成本、低信任度以及安全性低和隐私保证三个维度，拉动因素包括同伴影响和目标渠道吸引力两个维度。研究结果表明，三大因素都对转移意愿产生影响，但影响程度从大到小依次是停泊因素、拉动因素和推动因素。

　　同样基于推—拉—停泊理论，汤定娜等（2014）实证研究了消费者从传统互联网渠道向移动互联网渠道转换行为机制。推动因素包括不方便性一个维度，拉动因素包括感知有用性和感知易用性两个维度，停泊因素包括高转移成本和低安全保证两个维度。研究结果表明，除了高转换成本对消费者转移使用移动购物意愿影响不显著之外，其他各维度对因变量的影响均显著。具体如图 2－19所示。

　　在任务技术匹配理论以及使用情景匹配理论的基础上，杨水清

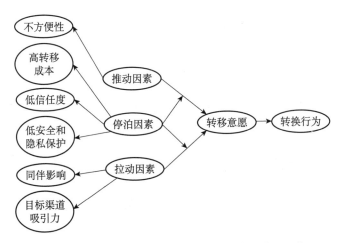

图 2 - 18　赖等人（2012）的离线或传统互联网渠道
向移动互联网渠道转换模型

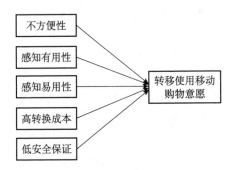

图 2 - 19　汤定娜等人（2014）的传统互联网
向移动互联渠道转移模型

（2011）构建了消费者移动商务渠道偏好理论模型并对模型进行了实证检验，研究结果表明，任务特征、渠道特征、感知实利价值和感知享乐价值都会通过任务渠道匹配和使用情景匹配的中介作用进而显著影响消费者渠道偏好，同时感知实利价值和感知享乐价值还会直接显著影响消费者渠道偏好。具体模型如图 2 - 20 所示。

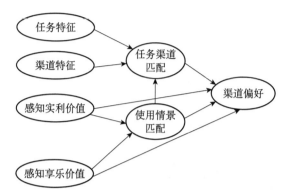

图 2 - 20 杨水清（2011）消费者移动商务渠道偏好行为模型

四、研究现状讨论

快速发展的互联网渠道对零售企业渠道建设和消费者渠道选择都产生了重大影响。一方面，实践表明多渠道零售企业比单一渠道零售企业更加容易获得成功，因此跻身多渠道零售商已成为很多传统零售企业的选择。另一方面，越来越多的消费者成为多渠道消费者，回来穿梭于不同类型渠道进行购物。毫无疑问，消费者渠道迁徙行为已成为让零售商感到十分棘手的问题。出于解决现实问题的需要，越来越多的学者把目光投向对消费者渠道迁徙行为的研究上。尽管渠道迁徙行为已成为实践和理论界共同关注的热点，但就理论研究而言仍存在以下不足：一是现有与渠道迁徙行为相关的文献大多数只涉及两个购买渠道之间的迁徙行为或者新渠道（如移动互联网渠道等）采纳行为，而对渠道属性在不同购买阶段作用的相关研究严重不足。事实上，"渠道搭便车"的渠道迁徙行为，无论是购物者离线渠道信息搜寻后在线渠道购买的"展厅"渠道迁徙行为，还是在线渠道信息搜寻后离线渠道购买的"反展厅"渠道迁徙行为在日常购物生活中都已普遍存在。二是由于在线渠道的快速发展，学术界目前对渠道迁徙行为的主流研究是离线渠道向在线渠道迁徙、离线渠道向传统互联网渠道迁徙、离线渠道向移动互联网渠道迁徙和传统互联网渠道向移动互联网渠道迁徙，而在线渠道向离线渠道迁徙的相关研究却非常少。然而在家具、建材和珠宝等行业，在线信息搜寻后离线渠道购买的"反展厅"渠道迁徙行为仍然十分普遍。基于上述分析，本书全面和系统地研究了"展厅"渠道迁徙行为和"反展厅"渠道迁徙行为。

第二节　研究型购物者的渠道迁徙行为

多渠道零售环境下，研究型购物者渠道迁徙行为是一种复杂的两阶段跨渠道购买的渠道迁徙行为。研究型购物者渠道迁徙行为的复杂性主要体现在对产品或服务的信息搜寻上，迁徙行为往往只是信息搜寻之后对所获信息权衡的结果。可以说，研究型购物者渠道迁徙行为是一种很典型的信息搭便车行为，只不过这种信息搭便车行为跨越了两个不同类型的渠道。如在离线渠道信息搜寻后在线渠道购买的渠道迁徙行为中，研究型购物者搭载了离线渠道购前信息服务便车。同样，在在线渠道信息搜寻后离线渠道购买的渠道迁徙行为中，研究型购物者搭载了在线渠道购前信息服务便车。因此，要想全面和系统地了解研究型购物者渠道迁徙行为，就要事先探讨消费者信息搜寻行为以及信息搭便车行为。

一、信息搜寻行为

（一）信息搜寻的概念界定

毫无疑问，信息搜寻在购买决策过程中扮演十分重要的角色。学术界目前还没有一个被普遍认可的信息搜寻行为定义。威尔逊

（2000）认为信息搜寻是指消费者为满足某一特定需求而进行的信息搜寻活动。马尔基奥尼尼（1995）将信息搜寻看做是带有目的性地使用所获取信息改观个人认知状况的行为活动。中国学者巢乃鹏（2000）则认为信息搜寻行为与个人需要相关联，是指个人因为满足个人需要而进行信息搜寻活动的整个过程。信息搜寻是指消费者付出的有关商品和商店信息搜集方面的努力，这些努力可以帮助消费者得到更多所要购买产品的相关信息，进而减少购买风险（威尔基，1994）。索罗蒙（1996）认为，信息搜寻是指消费者通过观察环境以便取得购买所需资料的过程①。

（二）信息搜寻的分类与行为模型

依据不同分类标准，对信息搜寻分类也会有相应区别。按照搜寻目的差异划分，信息搜寻可以划为两种类型：购买信息搜寻和持续性信息搜寻（恩格尔等人，1995；索罗蒙，1996）。前者的目的是帮助购物者进行有效地购买，而后者并不是因为购买而搜寻，而很可能只是消费者想更多地了解他们感兴趣的商品。施密特和施普伦格尔（1996）指出，在现实的购物生活中，这两类信息搜寻行为往往很难采用观测的方法将其截然区分开来。如有些消费者因购买而做出了一定的信息搜寻努力，却往往会由于一些始料未及的突发因素而放弃购买。有些消费者事先并没有购买的打算，只是出于兴趣而搜集商品的相关信息，然而随着搜寻的深入和对商品了解程度的加深，消费者很可能对商品产生"爱不释手"的感觉，进而引发实际购买行为。按照信息来源不同，信息搜寻可以划分为两种类型：内部搜寻以及外部搜寻。前者与消费者购买经验相关，后者则是指通过外界获取购买所需信息。研究型购物者一群理性的购物者，他们进行信息搜寻的目的是为了做出更满意的购买决策。当内

---

① Solomon M R. Consumer Behavior: Buying, Having, and Being [M]. New Jersy: Prentice Hall, 1996.

部购买经验无法满足决策所需信息时，研究型购物者就会转向从外界环境中获取信息。就本研究而言，信息搜寻是指购前信息搜寻，而信息来源既有内部信息，也有外界信息。

为了研究消费者行为，埃利斯（1989）对信息搜寻行为进行了划分，将它划分成几个可直接观察的部分。具体如图2-21所示。在心理学和认知学等学科的基础上，威尔逊（1999）构建了信息搜寻行为模型。具体如图2-22所示。

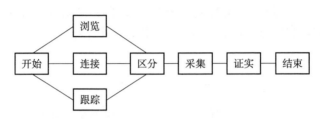

图2-21 埃利斯（1989）的信息搜寻行为模型

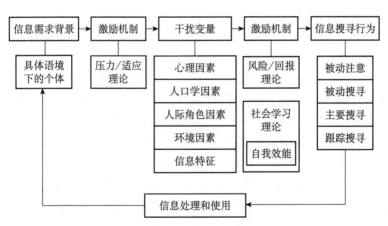

图2-22 威尔逊（1999）的信息行为模型

（三）信息搜寻来源

一般来说，信息来源主要有四种：公共来源（如大众媒体和消费者评级机构等)、商业来源(如购物网站、广告、供应商和产品包装等)、经验来源(如处理和使用产品的情况等)和个人来源(如相关群体等)。一般来说,如果消费者的信息是从商业渠道中获得的,这类信息一般具有针对性。如果消费者的信息是通过朋友和消费者本人的使用经验获得的,这类信息一般具有验证性效应。消费者通过多种途径收集一定数量的商品信息后,会对所获取的信息进行评价。贝蒂和史密斯(1987)认为消费者主要通过社会媒体、商家、第三方机构以及人际交往途径获取购买决策所需信息。消费者获取信息的渠道有两个:消费者本身和外界环境(比尔斯等人,1981)。

(四)信息搜寻行为的影响因素

消费者信息搜寻行为极其复杂多变,每个消费者都有自己特定的信息搜寻习惯,即便同一消费者的信息搜寻行为也会随搜寻情境变化而有所差异。复杂多变的信息搜寻行为还体现在前置变量多样化上,换句话说,影响信息搜寻行为的前置变量具有复杂多样的特征。复杂多样的前置变量大致可以归纳为两个方面:外界环境和消费者本身。前者主要包括技术、经济、文化、宗教、家庭和相关群体等方面,后者则包括性别、受教育水平、意识生活形态、先前购买经验以及购物技能等方面。纽曼和理查德(1972)将影响汽车或家电信息搜寻的因素总结为六个方面:消费者个人特征、情境因素、决策方案、利益、成本以及其他因素。基于以往相关文献,贝蒂和史密斯(1987)认为,信息搜寻的影响因素由五个部分组成:消费者个人知识和先前经验、外界市场环境、个人异质性、潜在好处以及情景变量。

需要强调的是,价格是消费者一个很重要的信息搜寻内容,在线渠道产品价格往往比离线渠道同款产品价格要低,很多"跨渠道信息搭便车"行为往往是由在线渠道和离线渠道之间的产品价格差异引起的。在产品同质化比较严重的商业环境中,消费者在产品信息搜寻过程中对价格通常比较敏感，往往会因为过度关注价格而忽视除价格以外的其他信息服务。在我国，电子商务企业通过较低的在线产品价格吸引消费者离线渠道向在线渠道迁徙，因此离线信息搜寻后在线购买这类"跨渠道信息搭便车"的"展厅"渠道迁徙行为非常普遍。在一些比较成熟的国外市场环境中，消费者在信息搜寻过程中比较注重综合信息服务质量，因此在线信息搜寻后离线购买这类"跨渠道信息搭便车"的"反展厅"渠道迁徙行为比较普遍。随着市场的进一步完善和发展，离线渠道和在线渠道的价格差异将会被逐步缩小，价格在消费者信息搜寻过程中的地位会被逐步被弱化，相反，综合信息服务质量将会成为决定企业未来成败的关键要素之一。卡尔顿 和希瓦利埃（2001）的研究表明，购物者"搭便车"行为往往是在信息服务的基础上进行的。

在线渠道与离线渠道具有不同的渠道属性，因此，在线信息搜寻有别于离线信息搜寻：一是在线信息搜寻成本远远低于离线信息搜寻成本，在线信息搜寻只需要轻点鼠标即可获得所需信息，而离线信息搜寻却需要花费较多的时间、精力和金钱。二是在线信息搜寻比较离线信息搜寻更加便捷。在线渠道不存在时空界限，消费者能够随心所欲地进行在线信息搜寻。相反，离线信息搜寻却受时间和空间限制。三是在线信息比离线信息更加丰富，"Know Where"是在线信息搜寻的核心，而"Know How"则是离线信息搜寻的核心。当然，离线信息搜寻渠道也具有比较优势，如离线渠道具有可面对面地交流信息以及信息评估成本低等比较优势。由以上分析不难发现，在线渠道和离线渠道在信息搜寻上都具有各自比较优势，在线信息搜寻可以有效地减少信息搜索成本，离线信息搜寻则在一定程度上能够规避购买风险。由于不同渠道属性而形成的比较优势的存在，购物者跨渠道信息搭便车行为便难以避免。

（五）信息搜寻行为的理论基础

信息搜寻在消费者购买决策中扮演十分重要的角色，它是消费者行为学中一个非常重要的研究领域。学者们基于不同理论基础对消费者信息搜寻行为进行了探讨。在梳理相关文献的基础上，斯里尼瓦桑（1990）将信息搜寻行为的研究流派大致归类为三类：信息经济学流派、信息处理流派以及心理动机流派。

1. 信息经济学理论

信息经济学理论主要采用成本与收益分析模式研究消费者的信息搜寻行为，因此该理论的前提假设是消费者的行为都是符合理性的。信息经济学理论认为，搜寻成本负向影响信息搜寻行为，而搜寻利益正向影响信息搜寻行为。当搜寻成本持续上升时，信息搜寻行为就会相应地有所减少。而当利搜寻利益持续增加时，信息搜寻行为就会相应地有所增加。消费者就是在一增一减中寻求边际收益和边际成本的均衡点，进而做出最优购买决策。斯蒂格勒（1961）研究指出，搜寻成本随所咨询卖家数量的增加而上升；时间对不同收入水平的消费者的信息搜寻成本具有显著差异，高收入群体比低收入群体的时间更稀缺，因此同等时间条件下高收入群体的信息搜寻成本更高；当搜寻所付出的边际成本等价于搜寻所获得的边际收益之时，消费者的信息搜寻量达到最优，搜寻行为应该中止。在斯蒂格勒研究基础上，拉奇福德（1982）构建了成本——收益模式分析消费者的信息搜寻行为，该模型还检验了个人特征以及先验信息对搜寻利得的影响。

2. 信息处理理论

信息处理理论主要从人的知觉和记忆角度对信息搜寻及其处理展开研究。该理论指出，人的行为不唯独只受内在动机的影响，它还会受制于行使该行为的行为主体的能力。换句话说，即使消费者有行使某一行为的动机，但如果他们缺乏行使该行为的能力，那么该行为照样不会发生。由于信息处理理论认为人会受制于信息处理能力，因此对个人信息处理能力的研究是该理论的核心内容之一。信息处理理论主要有不确定性理论、ASK 理论以及问题解决理论。

3. 心理动机理论

心理动机理论认为，没有无缘无故的行为，行为背后都有动机的影子。就心理动机理论应用于对信息搜寻行为研究而言，最核心的研究是探讨引发搜寻行为背后的动机因素。现有的心理动机理论比较多，按照内容与过程可大致划分为以下两种类型：和内容紧密相关的心理动机理论以及和过程紧密相关的心理动机理论。前者包括的理论主要有好奇心理论，成就动机理论、ERG 理论以及双因素理论，后者包括的理论主要有刺激强化理论、期望—价值理论、目标设置理论以及公平理论。除此之外，心理动机理论还包括归因理论和自我效能感等理论。

本书综合运用了上述三个理论探讨研究型购物行为。在本研究当中，研究型购物者是一群理性的购物者，他们会基于成本——收益分析模式来选择信息搜寻渠道和购买渠道。研究型购物者进行渠道迁徙的动机要么主要是对价值的追求，要么主要出于规避风险和成本的考虑。同时，在线购买经验和在线信息系统的易用性会对研究型购物者的信息处理产生影响。

二、信息搜寻成本与收益

（一）信息搜寻成本的概念

为了获取所需商品信息和最大限度地规避购买风险，消费者在购买前通常需要进行信息搜寻。搜寻理论认为，消费者进行信息搜寻需要付出一定的搜寻成本，包括时间和精力等。搜寻成本在学术界还没有一个统一的界定，不同学者从不同研究视角对搜寻成本做出了界定。策特尔迈尔（1998）指出购物者信息搜寻行为的目的是想验证自己在多大程度上喜欢所要购买的产品，在信息搜寻过程中所花费的时间和精力就是搜寻成本。搜寻成本由两部分构成：调查商品相关信息所付出的时间成本和在搜寻过程中所花费的交通费等实际支出成本（施圣炜和黄桐城，2005）。李用俊（2009）则认为产品同质化和异质化情境下的消费者搜寻成本会有所差异。在产品同质化情境下，搜寻成本主要由交通费、搜寻过程中的不良身体状况以及被占用的空暇时间三个部分构成；在产品差异化情境下，搜寻成本主要由学习成本、耗费以及衡量商家信誉状况的成本组成。

多渠道零售环境下，消费者获取信息的渠道更加多化样，消费者既能够通过传统离线渠道获取所需信息，也能够通过在线渠道更加快速和便捷地进行信息搜寻。在线渠道的出现和快速发展，在方便了消费者购物的同时也带来了海量的商品信息。海量的商品信息对消费者产生双重影响，为消费者提供了对购买决策具有参考价值的有用信息的同时也带来了大量干扰信息，增加了购买风险。面对海量的商品信息，消费者需要从中搜集所需信息并在此基础上整理、辨别和权衡所获取信息。毫无疑问，消费者需要付出大量的搜寻成本。

（二）影响信息搜寻成本的因素

信息搜寻成本的影响因素主要有以下几个方面。

1. 互联网的快速发展

快速发展的互联网在加速离线渠道和在线渠道之间市场竞争的同时也深刻影响了消费者信息搜寻行为，消费者只需要一台计算机或者一部手机便可轻松获取与产品相关的海量信息。佩雷拉（2005）认为互联网的普及和发展使得消费者的信息搜寻成本大幅度地降低。杰普森（2007）也指出，在互联网环境下消费者可以足不出户地免费获取大量的商品信息，相比离线信息搜寻成本，在线信息搜寻成本明显较低。方海（2008）也认为，消费者通过互联网不但可以快速地搜集到更多的商品信息，而且还可以节省大量的信息搜寻成本。由于互联网带来海量有效信息的同时也夹杂着许多干扰信息，消费者为了排除干扰信息仍然要付出很高的搜寻成本。胡玮玮（2006）指出，互联网背景下消费者的信息搜寻成本依然较高。

2. 商家的营销活动

商家的营销活动会对消费者的信息搜寻行为产生重要影响，商业活动是消费者获取产品信息的一个很重要的途径。罗伯特和斯特尔（1993）指出商家的广告能有效地降低消费者对商品信息搜寻的努力，它们两者之间有相互替代的成分。在商品广告促销情境下，消费者可以以较少信息搜寻努力就可以获得比较满意的产品。斯蒂弗斯（2005）的研究则指出，并非所有广告都可以减少搜寻成本，同时文章还认为介绍型广告能够有效地减少搜寻成本。

3. 商家声誉和品牌

网络技术的迅速发展促使在线渠道大行其道，在线渠道带给消费者大量有用商品信息的同时也充斥着大量虚假信息。消费者要在形形色色和真假不一的海量信息中找出有用信息需要付出一定的搜寻成本。在实际购物生活中，即使消费者付出了大量信息搜寻成本也有一定几率买到不合格产品。在这种情形下，商家信誉和产品品牌就成了消费者规避购买风险的重要举措。崔东红和韩晓舟（2002）的研究发现有些消费者为了规避不确定的购买结果而直接选择在信誉良好的商家购买产品或者实施"认牌"购买行为，在这类购买行为行中，消费者付出的信息搜寻成本较少。

4. 信息技术

信息技术的发展极大地减少了消费者的信息搜寻成本。彭赓等（2000）认为，商家对信息技术的投资水平正向影响购物者的信息搜寻努力程度，即商家对信息技术的投资力度越大，消费者付出的信息搜寻成本就越低。蔡淑琴（2004）也认为，商家对信息技术的投资不但能有效降低消费者的信息搜寻成本，而且还能显著减少商家的产品信息发布成本。

5. 在线渠道的快速发展

毫无疑问，多渠道零售环境下，在线渠道对企业生存和发展的意义非凡。事实上，许多企业在原有传统零售渠道基础上纷纷开通在线渠道以扩大市场份额。巴克斯（1997）研究指出，电子商务对买卖双方都具有影响，它一方面减少了买方的信息搜寻成本；另一方面也降低了卖方因信息不对称而获得的超额利润。阿尔巴等（1997）研究表明，在线渠道缓解了信息不对称问题，降低了消费者的信息搜寻难度，使消费者对价格的信息搜寻变得简单的同时也对价格更敏感。吴等（2004）指出，相对离线渠道，消费者通过在线渠道搜寻产品信息更加容易，也能更快速地找到最优价格的产品，因此，在线渠道提高了信息搜寻效率和有效地降低了搜寻成本。门德尔森和通贾（2007）认为，在线渠道既可以提供大量新信息又可以减少搜寻成本，因而能有效地改善和优化供应链的运行效率。喻辉和纪汉霖（2009）指出，通过在线商务网站可以帮助消费者搜寻到更多的商品信息，搜寻范围也更加宽广，搜寻成本也比较低。

6. 消费者收入水平

任何信息搜寻都需要花费一定的时间，时间成本是非常重要的搜寻成本。时间成本也是一种机会成本，消费者收入水平不一样，同样的时间代表的机会成本会有显著的差异。通常而言，同等时间条件下，收入较高的消费者的机会成本高，收入较低的消费者的机会成本也较低，因而时间成本可以有效地衡量搜寻成本（普吉和施特林，1983）。克莱因（2003）也认为，时间是一种稀缺的资源，对于收入水平较高的消费者来说更是如此，据此可以预测收入水平较高的消费者会减少对商品信息的搜寻次数。

除了上述影响消费者信息搜寻成本的因素以外，还有其他因素也会对信息搜寻成本产生影响。豪克和洛泽（1999）认为，电子商务网站界面操作的难易程度会对信息搜寻成本产生影响。布鲁克斯（1985）指出，消费者产品知识水平会影响消费者信息搜寻成本，产品知识水平较高的消费者更加偏好依据个人知识代替外界媒介或者工具来获取所需要产品信息，同时文章还指出产品知识水平较高的消费者的信息搜寻行为的效率更高，因而在信息搜寻过程中所付出的成本也较少。在深度访谈和文献整理的基础上，曹磊（2011）

将信息搜寻成本下降的影响因素归结于以下四个方面：搜寻的便捷程度、商家所做出的努力、消费者本人的产品知识以及渠道多样化。同时该文章还进一步指出，搜寻的便捷程度、商家所做出的努力以及搜寻成本的下降对信息搭便车行为具有正向影响。

（三）信息搜寻成本的影响

信息搜寻成本的影响大致可归纳为两个方面：宏观影响和微观影响。宏观影响主要是对社会福利的影响，微观影响主要是对消费者行为的影响。

1. 搜寻成本对社会福利的影响

吴（2004）研究指出，社会福利会受到搜寻成本下降的影响，这些影响包括两个方面：直接影响和间接影响。直接影响是这样一种情形，在卖家比较多的情境下，搜寻成本的降低使得消费者在单次信息搜寻行为中所付出的成本有所减少，进而社会总体福利有所上升。间接影响是这样一种情形，在卖家比较少的情境下，搜寻成本的下降会影响卖家进行购前信息服务的积极性，消费者的信息搜寻次数会因此而有所上升，进而在一定程度上减少了社会总体福利。伏尔甘（1999）指出，信息技术使得产品价格变得更加透明，商家往往采用价格竞争手段期望从激烈的市场竞争中脱颖而出，因而市场竞争尤其是同质化比较严重的产品之间的价格竞争变得尤为激烈，这也在某种程度上地削弱商家对市场的话语权。在这种情形下，商家剩余转向购物者剩余，社会总体福利也得到了相应提高。

2. 对消费者行为的影响

团购成员之间的信息共享行为能有效地减少消费者与商家之间的信息不对称问题，进而有效降低信息搜寻过程中所要付出的成本，因此消费者团购行为正向影响消费者的消费效应（杜生鸣和鲁耀斌，2006）。在信息搜寻成本下降的情境下，消费者的信息搜寻行为会变得更加主动且理性。随着信息技术的普及与高速发展，消费者在信息传播中的地位得到了极大改善，不再是信息的被动接受方。相反，他们会更加主动积极地通过各种途径去搜集所需产品信息。毫无疑问，消费者在现代商业行为中拥有越来越大的话语权。另外，快速发展的在线渠道使得商品信息变得越发开放与透明，以往信息不对称问题得到了极大缓解，越来越多的消费者由以往单一渠道消费者变成了多渠道消费者，购买行为也变得更加复杂多变。

（四）信息搜寻收益

学者们从不同角度对信息搜寻收益进行了研究。信息搜寻给消费者带来的相关利益即为信息搜寻收益，如较低的商品价格、优良的商品品质以及帮助消费者做出更好的购买决策等（贝特曼，1979）。邓肯和奥沙夫斯凯（1982）认为，信息搜寻不但可以帮助消费者购买到物美价廉的商品，而且可以提升他们对所做决策的满意度。斯里尼瓦桑和卢瑟弗（1991）指出，消费者通过信息搜寻，一方面可以实现低价购买；另一方面还可以增加消费者在购物过程中的愉悦情感体验。信息搜寻不但可以给消费者带来功能性价值（如低价格和高品质等），还可以满足消费者的情感体验（如提升对所购买产品和所做决策的满意程度等）（施密特和施普伦格尔，1996）。艾弗里（1996）则认为信息搜寻利益包括两个方面：更低的商品价格以及更高的商品品质。

（五）搜寻成本与收益

针对产品价格差异性，斯蒂格勒（1961）构建成本与收益模型来研究消费者为了寻求较低价格的信息搜寻行为。纳尔逊（1970）则指出，消费者信息搜寻的目的不只是为了获得较低的产品价格，还会综合考虑其他因素，如产品品质、决策质量以及购买风险等。通常情况下，产品的市场价格会处于一种离散状态。也正因为如此，信息搜寻就有可能帮助消费者获得最优或者满意的价格。然而任何信息搜寻行为都需要付出一定的成本（包括时间、精力和金钱等）。随着搜寻行为的持续增加，消费者所付出的搜寻成本也会随之增多。因此就特定的某一购买行为而言，购前信息搜寻行为并不会永无休止地持续下去。同时，适度的信息搜寻可以帮助消费者有效地减少购买风险和最大限度地获得物美价廉的产品，因此购前信息搜寻又有存在的必要性。可以说，消费者决策过程是对信息收集和权衡的过程。当搜寻成本大于预期收益时，搜寻行为就会中止。当边际收益等于边际成本时，消费者获得了最优购买效用，此时搜寻行为也会中止。因此，消费者在信息搜寻过程中需要平衡搜寻成本与搜寻收益之间的关系。

三、信息搭便车行为

（一）信息搭便车的概念

不同类型的渠道具有不同渠道属性，消费者在不同购买阶段会根据渠道属性差异来选择渠道。在离线渠道和在线渠道并存的现代商业社会，消费者的信息搭便车行为是任何一个企业都无法回避的问题。维尔茨（2004）指出，信息搭便车行为十分普遍，大约20%的消费者在购物生活中使用信息搭便车行为。黄等（2009）的研究显示，多渠道背景下，信息搭便车行为有增无减，呈上升趋势。由于渠道提供的购前信息服务具有"公共品"非排他性属性，因而任何个人和企业都可以进行信息搭便车。消费者既可以在离线渠道全方位地了解和体验产品之后选择在在线渠道以更低的价格购买该产品，也可以在同一类型渠道中进行"货比三家"后选择价格最低的零售商进行购买，这两种类型的购买行为都是典型的信息搭便车行为。就渠道搭便车问题的研究而言，特尔瑟是最先研究此类问题的学者，他在1960年认为搭便车行为是指在一些供应商获得所需产品信息后转向其他供应商以更低价格购买该产品而没有给购前信息提供商带来实际利润的情形。搭便车行为是指购物者全面和系统地在提供信息服务的商家那里享受购前服务之后，在仅仅提供了少量信息服务的其他商家进行产品交易的行为（辛格利和威廉姆斯，1995）。一些消费者会在不同购买决策阶段使用不同渠道，他们往往会在一些零售商进行全方面产品或服务信息搜寻后去其他价格更低的零售商购买该产品或服务，这类行为被学者们称为"搭便车"行为（卡迪，1982；法布里坎特，1990；卡尔顿和希瓦利埃，2001；信，2007）。基于转换成本在离线渠道和在线渠道中的显著差异，范霍夫等（2007）认为，在线情境下消费者更容易进行信息搭便车，如消费者可以很轻松地从一家购物网站转到另一家购物网站。而在离线情境下消费者信息搭便车行为出现的几率远远低于在线渠道情境下出现的几率。对于只提供了信息服务却没有产生实际利润的商家来说，消费者只享受了他们的购前信息服务却没有产生实际购买行为，因此消费者在他们那里实施了搭便车行为（格斯特纳和霍尔特森，1986；辛格利和霍威尔，1989；德夫林·福尔兹和利姆，2008）。

（二）信息搭便车的影响

现有对消费者信息搭便车行为的影响研究主要有两个方面。一方面，研究信息搭便车行为是如何影响信息服务提供商提供信息服务的积极性以及如何有效防范和应对这类问题。另一方面，主要探讨信息搭便车行为带来的正面影响。

1. 消极影响

特尔瑟（1960）指出，在竞争激烈的市场中，消费者信息搭便车行为会对只提供信息服务而没有产生实际交易商家的信息提供行为产生消极影响。企业在开始多渠道营销之前，需要考虑渠道间的搭便车行为，因为这类行为会挫伤零售商提供信息服务的积极性，进而损害整个供应链。卡尔顿和希瓦利埃（2001）指出，采用多种类型渠道进行产品或服务销售的制造商面临渠道间彼此相互冲突问题。消费者在商家 A 搜集产品或服务相关信息后，在商家 B 进行交易，商家 A 的相关服务在这种情形中扮演"公共品"角色（贝尔等人，2002）。在购物生活中，任何类型的渠道所提供的信息服务都有可能成为"公共品"。对于公共品而言，除了任何人都可以使用之外还具有非竞争性和无法分离性的特征（巴尼和然加，2008；赛尔，1988；汉普顿，1987）。由于信息服务具有"公共品"特性，因而消费者搭便车行为无法避免。针对"搭便车"行为，范·巴尔和达奇（2005）研究认为商家要积极建立和维系与顾客的良好关系，提升顾客忠诚度，进而最大限度地防范和减少顾客信息搭便车行为。科赫兰等（2001）指出，搭便车行为对线下零售商的业绩具有消极影响。米特斯塔德（1986）研究指出，"搭便车"行为会消极影响信息服务质量，进而消极影响消费者需求。在多渠道零售环境下，消费者搭便车行为对商家信息服务行为具有消极影响（安蒂亚等人，2004）。蔡和安格拉瓦尔（2001）认为，购物者从一种渠道收集信息后在另一种渠道购买的购物行为正成为一种趋势，制造商有必要针对该问题制定有效的渠道决策。

2. 积极影响

消费者搭便车行为除了具有消极影响之外，一些学者的研究则指出搭便车行为也存在积极效应。吴等（2004）研究认为即使商家常常遭遇消费者搭便车行为，但他们的购前信息服务提供行为仍具有价值。不同消费者具有不同消费行为特征，有些消费者天生就喜欢通过不同渠道收集产品或服务信息，他们认为购物过程是一个充满享受的过程，因此信息搭便车对于他们来说是家常便饭。有些消费者的购前信息搜寻比较简单，他们往往依据有限的信息做出购买决策，如果零售商由于规避或者担忧消费者"搭便车"行为而降低信息服务质量，那么他们很可能会损失这部分消费者。信（2007）研究认为，由于"搭便车"行为的存在，商家之间的价格博弈将会得以缓和。费尔南多等（2009）注意到这样一种市场情形，有些制造商通过自建在线渠道用来吸引购物者并向他们宣传产品以及协助他们树立品牌信心，同时有些制造商还可以让零售商免费搭乘在线渠道信息服务的便车。消费者信息搭便车行为也会正向影响离线购买行为，如有些消费者在漫无目的地浏览购网站时，经常会因为精美的产品图片和正面的产品评论而触发购买动机，但又由于不愿承担在线购买风险而转向离线渠道购买。因此，在线渠道只提供了购前信息服务，而没有发生实际的购买交易行为，实际购买交易行为发生在离线渠道。在这种情形下，离线渠道免费搭乘了在线渠道购前信息服务便车。伯恩斯（2010）指出，信息搭便车行为从侧面表明了消费者与商家具有良好的沟通，缺乏信息搭便车行为也说明了消费者与商家互动不够。

四、研究型渠道迁徙行为

研究型渠道迁徙行为是指研究型购物者在一种渠道搜集信息后在另一种渠道完成交易的两阶段跨渠道购买的渠道迁徙行为。范霍夫等（2007）将在线信息搜寻后离线购买的渠道迁徙行为称为"research-shopping behavior"，并指出这类渠道迁徙行为是消费者最喜欢的购物方式之一。研究型渠道迁徙行为将购买决策过程划分为信息搜寻和购买交易两个阶段以及将渠道类型划分为离线渠道和在线渠道两种类型。

就消费者购买决策模型而言，EKB 模型无疑是最受欢迎和应用最为广泛的模型之一，它最大的特点是比较清晰和完整地解释了消费者购买决策过程并将购买决策过程划分为五个阶段：识别需要、信息搜寻、方案评估、方案选择以及购后评价。一是识别需要。消费者的需要产生于现有状态与想要状态之间的不平衡，外界环境刺激、消费者内在动机和先前经验都可能引发需要。消费者受到内外刺激后，可能会出现"紧张"情绪，当问题得以解决时，这类情绪又会得以平复。二是信息搜寻。当识别并确定需要后，消费者会通过内部搜寻来获得满足需要的产品信息。然而，内部搜寻往往无法满足消费者对信息的需求。在这种情形下，消费者又会转向外界环境搜寻并获取信息，即外部搜寻。在内外部信息搜寻的基础上，消费者会拟订多种以供决策参考的备选方案。三是方案评估。依据自身的评估准则以及对所要购买产品的信念和态度，消费者评估和权衡备选方案，以便能做出令自己满意的购买决策。四是在权衡各种备选方案的基础上，消费者会选择一个令自己最满意的方案并采取实际购买行动。五是购后评价。消费者在实际使用产品之后，通常会产生两类情绪：满意或者不满意。当产品使用效果达到或者超过购前预期时，消费者会产生满意情绪，这时消费者会再次购买和推荐他人购买。当产品使用效果没有达到购前预期时，消费者会产生不满意情绪，这时消费者会抱怨并拒绝再次购买。具体如图 2 - 23 所示。

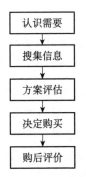

图 2 - 23　消费者购买决策过程

在信息爆炸和产品极度丰富的现代社会，产品和产品信息往往真假难辨，购物者需要通过大量信息搜寻来获取有用信息以及排除所获信息中的干扰信息，信息搜寻是消费者购买决策过程中一个非常重要的阶段。对于消费者来说，购买行为往往只是对所获信息权衡的结果。就企业而言，只有产品或服务购买行为才能给他们带来实际收益。因此，消费者购买阶段是企业十分关注的阶段之一。鉴于产品信息搜寻和购买交易是消费者购买决策过程中两个最重要的阶段，后续大量研究将五阶段购买决策模式进行了简化操作，从信息搜寻和购买交易两个阶段对购买决策行为进行研究。萨洛蒙和科佩尔蒙（1992）指出，消费者购买行为可以划分为两个阶段：信息搜寻阶段和产品购买阶段，消费者很可能在离线渠道进行产品信息搜寻后于在线渠道购买该产品（周飞，2013）。帕特沃德罕和拉马普拉萨德（2005）实证研究结果表明信息搜寻行为对购买行为具有直接和间接的双重作用。如图 2-24 所示。

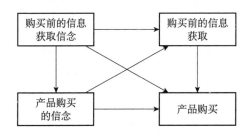

图 2-24　帕特沃德罕和拉马普拉萨德（2005）的信息获取与产品购买两阶段模型

基于 TRA 理论（计划行为理论），帕夫洛和伏吉森（2006）以两阶段购买决策为研究视角，对消费者在线渠道采纳行为进行了实证研究。研究结果表明购买意愿对产品信息搜寻意愿和产品购买行为都具有显著作用，同时购买行为受购买意愿与搜索行为的共同作用。具体模型如图 2-25 所示。

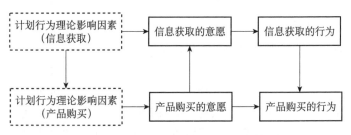

图 2-25　帕夫洛和伏吉森（2006）的信息搜索和产品购买两阶段研究模型

乔杜里和卡拉安纳（2008）研究了信息搜寻和产品购买两阶段中消费者对在线渠道比较优势的感知情况，研究结果显示，相比实体渠道而言，在线渠道的便捷性、信任和高搜寻信息效率显著影响消费者在线渠道选择行为。具体如图 2‑26 所示。

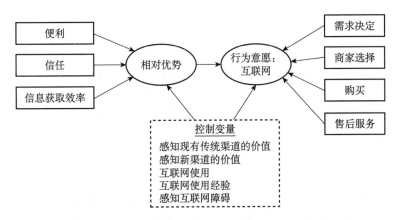

图 2‑26　乔杜里和卡拉安纳（2008）的电子商务渠道选择研究模型

以往对两阶段购买行为的研究大多以单一渠道为研究视角，而对两阶段跨渠道购买的渠道迁徙行为研究却明显不足。多渠道零售环境下，购物者的购买行为在主体特征和行为模式等方面都发生重大变化。很多购物者会在多个购买渠道中不断转换，尤其是在一种渠道中收集信息却在另一种渠道中完成交易，他们基于效用最大化而自由穿梭于各种渠道进行商品、服务和信息的购买。科赫兰等（2001）调查发现，消费者会使用一种渠道搜集信息后而在另一种渠道完成购买的渠道迁徙行为。兰加斯瓦米和范·布鲁根（2005）的研究也显示，购物者根据购买阶段的不同而使用相应的渠道。有些购物者在实体店体验产品或服务之后于在线渠道进行购买，也有购物者会利用在线渠道进行信息搜寻后在离线渠道购买产品或服务。由于购物者在不同购买阶段有不同渠道选择行为，巴拉萨布拉曼兰等（2005）的研究中提及了在线渠道信息搜寻后离线渠道购买这类渠道迁徙行为①。弗巴赫等（2007）则将购物过程划分为购前、购买和购后三个阶段，并研究消费者在这三个阶段中的渠道选择偏好。研究结果显示，在整个购物过程中，消费者都倾向于在离线渠道购买，在购买前后两阶段，消费者互联网经验显著正向影响在线渠道使用意愿，而在购买阶段，消费者普遍愿意使用离线渠道进行购买。以购物决策过程为研究视角，古普塔等（2004）探讨了购物者离线渠道向在线渠道迁徙行为②。涂红伟等（2011）分别从时间、人物、地点以及事物界定了消费者渠道迁徙行为概念和内涵，同时还明晰了渠道转换和渠道搭便车的异同。文章指出，渠道转换是指渠道间的转换，是两个购买结果之间的转换，它经历了两个学习周期，而渠道搭便车行为则是指信息搜寻渠道与购买渠道之间的迁徙行为，购物者仅仅经历了一次购物周期。

消费者在一种渠道收集信息后选择在另一种渠道进行购买的多渠道购买方式被一些学者称为研究型购物（兰加斯瓦米等人，2005；范·巴尔等人，2005；巴拉萨布拉曼兰等人，2005）。范霍夫等（2007）研究了购物者在线渠道信息搜寻后离线渠道购买的渠道迁徙行为，并指出这类两阶段跨渠道购买的渠道迁徙行为在日常购物生活中非常受欢迎。崔和马蒂尔（2009）指出较低的产品价格是在线渠道重要比较优势，它会促使购物者离线渠道向在线渠道迁徙③。如很多购物者既想得到在线渠道价格优势的同时，又想规避在线购买风险，他们往往会先到实体店进行产品体验，全面了解产

---

① Balasubramanian S, Raghunathan R, Mahajan V. Consumers in a Multichannel Environment：Product Utility, Process Utility, and Channel choice [J]. Journal of Interactive Marketing, 2005, 19 (2)：12 – 30.

② Gupta A, Su B C, Walter Z. An Empirical Study of Consumer Switching from Traditional to Electronic Channels：A Purchase-decision Process Perspective [J]. International Journal of Electronic Commerce, 2004, 8 (3)：131 – 161.

③ Choi S, Mattil A S. Perceived Fairness of Price Differences Across Channels：The Moderating Role of Price Frame and Norm Perceptions [J]. Journal of Marketing Theory and Practice, 2009, 17 (1)：37 – 47.

品相关信息之后选择在在线渠道以较低价格购买该产品。布拉特伯格等（2008）研究也指出，消费者对在不同购买决策阶段使用不同类型渠道的渠道迁徙行为早已习以为常（周飞，2013）。艾兴政等（2011）研究了离线渠道和在线渠道之间的价格博弈以及相互信息服务搭便车行为，同时还探讨了搭便车行为对企业协调机制的作用。

　　研究型购物者渠道迁徙行为有别于信息搭便车行为，研究型购物者渠道迁徙行为是一种跨渠道信息搭便车行为，而信息搭便车行为不但包括跨渠道信息搭便车行为还包括渠道内信息搭便车行为。渠道内信息搭便车行为是指消费者在同一渠道的一些零售商搜寻信息后转向其他零售商购买的购买行为，如同一渠道内"货比三家"式的购买行为就是典型的渠道内信息搭便车行为。因此，消费者信息搭便车行为与研究型购物者跨渠道信息搭便车行为是一种包含与被包含的关系。具体如图2-27所示。有研究显示：大约20%的购物者在信息搜索和购买交易阶段更换了零售商（范·巴尔和达奇，2005）。一些学者也指出，消费者经常在不同购买决策阶段使用不同类型渠道（巴拉萨布拉曼兰等人，2005）。影响研究型渠道迁徙行为的因素有很多，从消费者自身来看，主要有以下三个原因。首先，研究型渠道迁徙行为能够给消费者带来额外的经济收益，消费者通过研究型渠道迁徙行为可以获得比较全面的价格信息，因此往往能够以较低价格获得所需商品（巴克斯，1997；莫顿等人，2001）。其次，研究型渠道迁徙行为能够让消费者全方位地了解和体验商品，进而达到有效规避购买风险的目的。最后，研究型渠道迁徙行为能够给消费者本人带来"精明"（smart）的心理暗示，让他们自我感觉进行了一桩"物超所值"的"便宜"买卖。曹磊和张子刚（2011）认为在离线渠道和在线渠道并存时，购物者的信息搭便车行为是普遍客观存在的，并实证证明了搜寻成本的下降正向影响这类搭便车行为。由于渠道属性差异，不同类型渠道具有各自比较优势，如离线渠道可以提供商品体验，从而降低购买风险，而在线渠道则可以显著地减少信息搜索成本。因此，研究型购物者的跨渠道信息搭便车的渠道迁徙行为难以避免。

图2－27 研究型购物者信息搭便车行为与消费者信息搭便车行为的关系

基乌等（2011）研究了消费者在在线渠道进行商品信息搜寻后在实体店购买的研究型渠道迁徙行为，研究结果表明渠道属性、消费者个人特征、多渠道整合质量以及转换成本都会对消费者渠道迁徙行为产生影响。范霍夫等（2007）从渠道视角将研究型购物者渠道搭便车行为的影响因素总结为三个方面：渠道特征、渠道锁定和渠道协同。具体如图2－28所示。首先，通常情况下在线渠道的搜索特征更明显，而离线渠道的体验特征更突出。其次，如果一个多渠道零售商进行渠道锁定的能力较差，那么消费者更容易发生渠道迁徙行为，转向其他渠道购买产品或服务，这种现象被称为"渠道搭便车"。在这种情况下，原有渠道只是给消费者提供了服务，而没有给企业带来实际价值。最后，如果消费者感知到同时使用多渠道购买商品或服务能给他们带来更多的价值，那么消费者更有可能成为研究型购物者。

斯坦菲尔德等（2002）将购买决策划分为购前、购买和购后三个不同的阶段，在此基础提出一个多渠道整合理论模型，研究结果显示购物者的渠道迁徙可以发生在任何阶段。许多文献将购物者的购买决策过程划分为两个阶段：信息搜寻和产品购买。哈恩和金（2009）就信任与商品信息搜寻两个角度对购物者多渠道购买意愿进行了实证研究，研究结果表明信息搜寻意愿在对实体店信任与电子商店的行为意愿之间的关系中起中介作用。具体如图2－29所示。

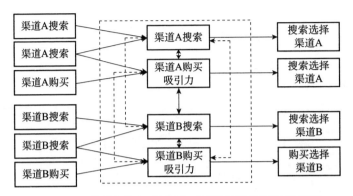

图 2 - 28　范霍夫等人（2007）的消费者研究型购物模型

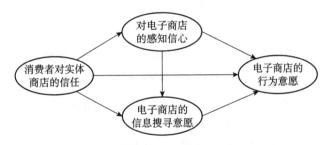

图 2 - 29　哈恩和金（2009）的信息搜寻与产品购买两阶段模型

　　科鲁兹威茨等（2008）实证探究了汽车零售行业离线渠道信息搜寻对在线信息搜寻的作用，研究结果表明，当需要搜寻产品价格及其他产品相关信息时，相比对通过新闻网获取这些信息，消费者更愿意光顾生产商网站。同时，产品相关信息在在线渠道信息搜寻与在线渠道信息搜寻满意之间的关系中起调节作用。具体如图 2 - 30 所示。

　　范·巴尔和达奇（2005）分别从商品搜索特征、技术变化快慢以及购买频率三个方面对多渠道零售环境下渠道搭便车行为和渠道保留行为的影响进行了研究，结果表明，搜索特性正向影响消费者渠道搭便车意愿和渠道保留意愿，对于技术变化越快的商品，消费者渠道搭便车的意愿越强，但也更容易保留。而对于购买越频繁的

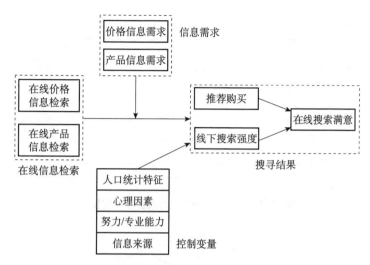

图 2 - 30　科鲁兹威茨等（2008）实体渠道信息搜索
对电子渠道信息搜索影响模型

商品，消费者渠道搭便车行为和保留行为都越不明显。此外，研究还显示超过 20% 的购物者曾经有过"渠道搭便车"的经历（范·巴尔和达奇，2005）。具体如图 2 - 31 所示。

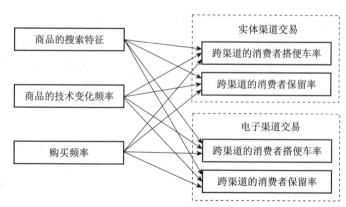

图 2 - 31　范·巴尔和达奇（2005）的消费者搭便车行为和保留行为模型

　　多渠道零售环境下，基乌等（2010）研究了购物者在一个商家的在线商店搜索信息，却在另一个商家的实体渠道购买的渠道搭便车行为。研究结果显示，自我效能对跨渠道搭便车行为意愿具有正向影响，竞争对手实体商店的感知吸引力在感知竞争对手实体商店服务质量和感知电子渠道风险分别与跨渠道搭便车行为意愿之间的关系起中介作用，转换成本则对搭便车行为具有负向影响。具体如图 2 - 32 所示。

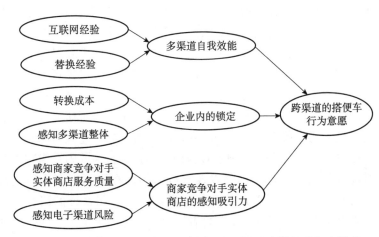

图 2 - 32　基乌等（2010）的多渠道环境下消费者搭便车行为模型

　　研究型渠道迁徙行为是一种两阶段跨渠道购买的渠道迁徙行为，它既可能是一种"跨渠道保留"行为，也有可能是一种"跨渠道搭便车"行为。"跨渠道保留"行为是指研究型购物者在同一多渠道商家所控制的一种渠道中进行信息搜寻后而在该多渠道商家所控制的另一种渠道中购买的渠道保留行为，如在苏宁实体店进行信息搜寻后在苏宁易购上购买的渠道保留行为。"跨渠道搭便车"行为是指研究型购物者在一个商家所控制的一种渠道进行信息搜寻后，转向其他商家所控制的另外一种渠道购买的渠道迁徙行为，如在苏宁实体店进行信息搜寻后，在京东商城购买的渠道迁徙行为。

本书主要研究购物者"跨渠道搭便车"的渠道迁徙行为，即在一个零售商的一种渠道进行信息搜索后而在其他零售商的另一种渠道中完成交易的两阶段跨渠道购买的渠道迁徙行为。

五、研究现状讨论

尽管研究型购物者"渠道搭便车"的渠道迁徙行为，无论是离线渠道信息搜寻后在线渠道购买的"展厅"渠道迁徙行为，还是在线渠道信息搜寻后离线渠道购买的"反展厅"渠道迁徙行为在日常购物生活中都已普遍存在。但理论界尤其是国内学术界对它的研究仍处于初级阶段，且少数现有对研究型购物者渠道迁徙行为的研究还存在以下不足：（1）很多相关研究只停留在概念内涵和思辨研究上，缺乏实证研究。（2）大多数相关研究都采用宏观研究视角，而以研究型购物者渠道迁徙行为的内在影响因素为研究视角的相关研究却很少。（3）相关研究没有探讨研究型购物行为的内在影响因素的维度及其测量指标。本书以迁徙行为的内在影响因素为研究视角，对研究型购物者渠道迁徙行为进行了全面和系统的研究。因此，本书不但为认识研究型购物者渠道迁徙行为提供了新的研究视角和理论框架，而且丰富且补充了消费者渠道迁徙行为研究，有助于零售营销理论和消费者行为理论的完善和发展。

第三节　研究型购物者的渠道迁徙行为准则

消费者渠道迁徙行为总是在一定的行为准则下进行的，不同消费者拥有各自不同行为准则。有些消费者以经济理性为行为准则，强调渠道的经济效益，有些消费者则不但注重渠道的效用价值还在乎从迁徙过程中所获得的情感体验。研究型购物者两阶段跨渠道购买行为是一种渠道迁徙行为，这类渠道迁徙行为一般比较复杂，也比较理性。尽管如此，研究型购物者也无法满足完全理性所需要的一切前提条件。因此，研究型购物者是一群有限理性的购物者，他们在实际的渠道迁徙行为中仍以"满意"为购物准则，在注重渠道经济价值的同时并不忽略迁徙过程中的情感体验。

一、经济理性

经济理性是对"经济人"假说的理论基础，它认为人都是理性的，每个人都清楚地明白自己的行为结果带给他们的影响，同时他们也有能力评估各种可能出现的结果并在此基础上选择给自己带来价值最大的方案。亚当·斯密在《国富论》对理性行为进行了解说，他认为理性行为是指对各种利益权衡后选择最大利益并且以最小的代价获取最大利益来满足自身需要的行为。从上述分析可以看出，经济理性体现在两个方面，一方面是个人对利益最大化的追求；另一方面是以最小代价获取最大利益。不难发现，这两个方面都体现了个人对经济目的的追求。

经济理性并不是在任何情境下都可以发生的，它的产生需要以下前提条件：个体可以掌握追求效用最大化所需的一切信息以及个体对这些信息拥有足够的认知才能，其中包括核心理性和两个激励性假设。核心理性假定是指个体可以通过数学运算刻画他们的偏好，在这过程中设定个体考虑了所有决策方案并且对这些决策方案有充分的了解。同时，个体对事物的感受不是变化的，而是固定不变的，这些不变的感受可以在实际决策中体现出来。两个激励性假定的含义是指个体行为都是以个人价值为导向，他们的喜好仅仅与某一物品所包含的价值相关联，而与得到该物品的经过则不相关。总而言之，经济理性包括如下要素。

（1）信息完备性。个体掌握了每个行为所有可能出现的结果并且每个结果出现的概率都是清晰可辨的。

（2）自利性动机。个体行为总是服务从于个人利益，具有自我和自利性。

（3）完全认知能力。决策主体拥有很强的自信心和判断力且外界环境和其他人都不能够对他产生约束，他有能力在所有方案中选择最优方案。

（4）一致性假设。群体中个人自利行为与其他成员的自利行为并不相背离，它们之间可以保持一致。

（5）明确的报酬函数。个体可以清楚地知道并且能够计算出某个具体行为结果的价值和效用。

（6）个体以"最优"或"最大化"为行为准则追求经济利益或者以最小代价获取同等价值。

由上述分析可知，理性经济表明个体在资源约束情境下可以挑选出能够给他们带来最大价值的决策方案，在决策方案选择过程中一般以极大极小以及确定性等法则为行为准则。在现实购物生活中，个体很难满足经济理性所必需的一切前提条件，因而无法做出最优选择。研究型购物者会在不同购物决策阶段使用不同渠道，换句话说，研究型购物者穿梭在不同类型渠道以期能够获得更多商品信息，从而实现购买效用最大化。然而，在现实的购物生活中，研究型购物者的时间总是有限的，他们无法搜集到所有与购买效应最大化相关的信息，他们的迁徙行为也并不是完全逐利的行为。同样，他们并不具备完全认识能力，无法计算出每一个迁徙决策带给他们的价值。因而，追求效用最大化可能只是研究型购物者内心美好的愿望。在现实的渠道迁徙行为中，他们仍然会以"满意"原则为渠道迁徙准则。

二、有限理性

与经济理性不同的是，有限理性认为大多数人并不是完全理性的，其行为也不都是没有情感的自利行为，他们根据心理账户、框架效应和相对损益原理做出行为决策。因此，西蒙提出了"有限理性"准则和"满意"原则，认为受内在心智资源约束下，人的能力总是有限的，决策者并不能无限度地追求利益最大化，而只是寻找令他们满意的方案。

造成有限理性的主要因素有以下两个，首先，系统并不是固定和一成不变的，它具有不确定性。其次，个体能力总是有限的（袁艺和茅宁，2007）。事实上，在日常行为决策中，行为主体的心智资源都是有限的，能力也是有限的，并不能完全获取决策所需要的一切信息。同时，行为主体的偏好也并不是一成不变的。因此，行为主体很难做出最优决策行为。何大安（2004）研究指出，影响有限理性决策的因素有三个：个人认知能力、决策情境以及不对称信息。同时，他还认为按照实现水平不同，可以将有限理性划分为以下三种状态：（1）潜在有限理性。在有限理性的前提下，现有可行决策方案中存在一个能够给行为主体带来相对最大价值的方案，但找到该方案需要决策者在充分挖掘自我认识能力的基础上全面考虑所有与决策相关的不确定性因素。（2）即时有限理性。受时间约束，行为主体很难在短时间内处理和与决策相关的所有信息。（3）实际有限理性。在现实决策中，有限理性对时间有要求，它并不能在较短或短时间内就可以实现，它需要决策主体有充分的时间去分析和权衡。

尽管追求迁徙效用最大化是研究型购物者进行渠道迁徙的主要目标之一，然而研究购物者并不具备做出最优决策所需的一切前提条件。虽然研究型购物者在购物生活中比大多数消费者要更理性些，但他们也无法实现完全理性。因此，研究型购物者在现实购物生活中同样也是有限理性的消费者，渠道迁徙行为也以"满意"原则为迁徙准则，迁徙效用最大化只是他们内心美好的愿望。

三、感性和体验

消费者的渠道选择行为并不全都是理性的，反而他们经常凭借自己对渠道的直观感觉、个人情感以及偏好而做出渠道选择。从认知心理学角度，卡纳曼认为购买行为和消费行为不仅受利益驱动，还会到个人因素的影响（如个人价值观、个人特征以及信念等）。同时，卡纳曼还认为这些影响因素和个人主观心理相关联，它们会受到个人生活经历、情感状况以及个人感受等方面的影响。

马斯洛需求层次理论认为，人的需求像阶梯一样从低到高可以划分为五个不同层次，当人的较低层次需求得到满足之后就会产生更高层次的需求。同样，消费者选择购买渠道也不只是满足获取产品功能的需要，情感因素也会对消费者的渠道选择行为产生影响。派恩和吉尔摩（1998）认为，消费者由注重商品和服务本身开始向注重商品和服务的同时也注重情购物过程中的情感体验转变。① 购物者需求重心发生了变化，从以往注重产品质量和价格转向注重功能性价值的同时并不忽略购物过程中的情感体验。在互联网时代，体验经济获得了前所未有的发展。在虚拟和无时空限制的在线渠道环境中，消费者体验平台更多元化，内容也更丰富。消费者可以更好地实现资源共享和实时交流的同时也可以充分享受个性化服务。席克真特米哈伊和勒菲夫尔（1989）称投入体验为"flow"，也被称为"爽"，体现个体完全参与某一活动时的情感体验。诺瓦克等（2000）指出，流体验取决于感知挑战难度和自我技能两者之间的匹配程度。当个体很轻松地完成任务时，个体往往会觉得无趣和厌倦。当个体付出极大努力仍然感觉难以完成任务时，个体往往会产生挫败感。只有当技术和挑战相匹配时，流体验才会产生。史密特（2004）指出，体验是个体对刺激的内在情感反应，如感觉、触动心灵和激发灵感等。

二元体验理论指出，所有体验都包括两个方面：客观效用体验

---

① Pine B, Gilmore J. Welcome to the Experience Economy [J]. Harvard Business Review, 1998, 76 (4): 97 - 105.

和主观享乐体验，体验的差异来源于两者权重不同（赫希曼和霍尔布鲁克，1982）。效用性产品的客观效用权重大于主观享乐权重。如果客观效用权重小于主观享乐权重，则表示该产品为享乐性产品。同时，均衡产品是指客观效用和主观享乐两者权重相差不大的产品。效用体验常与功能属性相关，不受情感因素的影响，因而比较稳定。在效用体验过程中，消费者往往采用理性思维，基于性价比对产品做出购买选择。享乐体验往往与消费者的情感体验相关，受消费者情感的影响。在享乐体验中，消费者往往依据个人情感对产品做出选择。同样，消费者在选择渠道时，不但会注重渠道的效用价值，还会关注渠道的体验价值。在注重渠道效用价值的情境下，消费者往往采用理性思维权衡渠道的功能性价值。而在注重渠道享乐价值的情境下，消费者则经常采用感性思维享受渠道的体验价值。

有研究指出，购物者从一种渠道搜集信息后在另一种渠道中完成交易的渠道迁徙行为的一个很重要原因是为了满足情感需求，因为这类渠道迁徙行为会让购物者觉得自己是一个"聪明"和"有智慧"的购物者，此次购买是一桩"便宜"的买卖（巴拉萨布拉曼兰等人，2005）。研究型购物者尽管是一群注重经济利益的理性购物者，但他们同样也不会忽略渠道迁徙过程中所获得的情感体验。

由以上分析可以得出，研究型购物者的渠道迁徙行为是一种理性的两阶段跨渠道购买行为，由于心智资源稀缺性、外部环境复杂性以及决策时间约束，研究型购物者往往很难搜集到所有和迁徙决策相关的信息以及预测每个决策可能出现的结果，因而研究型购物者很难实现迁徙效用最大化。因此，研究型购物者更有可能依据有限理性准则做出迁徙决策，选择令自己满意的迁徙决策方案，而不是最优决策方案。在迁徙过程中，研究型购物者像其他大多数购物者一样，不但注重渠道的客观效用价值，还在乎主观享乐体验。

第四节　研究型购物者渠道迁徙行为的理论基础

本节分别以技术接受模型、创新扩散理论、顾客价值理论以及期望效用理论讨论研究型购物者渠道迁徙行为。具体内容如下所述。

一、技术接受模型

在理性行为的基础上，美国学者戴维斯（1989）按照态度—行为—意向框架开发出了技术接受模型。该理论揭示了用户对信息系统态度背后的原因，具体模型如图 2 - 33 所示。

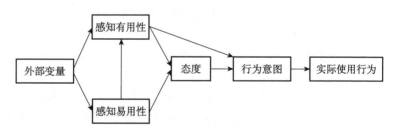

图 2 - 33　技术接受模型

技术接受模型核心内容如下。

（1）感知有用性是指感知信息系统是否对使用者有用，主要表现在工作和学习效率的提高。感知易用性是指感知信息系统操作的难易程度。个体行为受态度和感知信息系统有用性的共同影响，态度受感知有用性和感知易用性的共同影响以及感知易用性显著直接影响感知有用性。

（2）感知有用性和感知易用性是影响用户对信息系统使用态度最重要的因素。一个新信息系统是否能够快速地扩散取决于两个关键因素：是否容易被操作和对用户有用的程度。如果一个新信息系统既操作简便，又能极大地提高用户工作和学习效率，用户对它的态度也会越友好，使用意愿也就越积极。

（3）如果一个信息系统越容易使用，消费者付出的学习成本也会越低，对该信息系统的感知有用性也会越强。

（4）外部变量（如环境和个人特征等）也会通过感知有用性和感知易用性的中介作用进而对态度、行为意图和实际使用行为产生影响。

基于原有技术接受模型，文卡塔斯和戴维斯（2000）构建了扩展的技术接受模型，该模型不但在 TAM 模型中增加主观规范等自变量，还增加了经验和自愿性等调节变量。具体如图 2 - 34 所示。

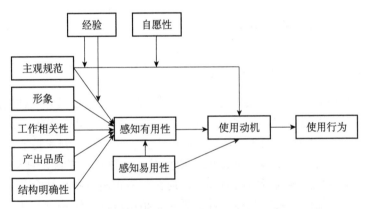

图 2 - 34　文卡塔斯和戴维斯（2000）的扩展的技术接受模型

扩展的技术接受模型中所增加变量的表达内涵如下所示。

（1）主观规范：周围相关群体对个体是否采取某种行为所施加的社会压力。

（2）形象：个体实施某项行为时所感知到社会地位提高的程度。

（3）经验：使用某新技术之前的相关经验。

（4）自愿性：个体对新技术采纳的积极程度。

（5）工作相关性：个体所要采纳的新技术与工作的关联度。

（6）产出品质：感知到采纳新技术后提高工作效率的程度。

（7）结果明确性：个体采纳新技术后所带来影响的确定程度。

感知易用性是一个在一定程度上客观反映在线购物信息系统使用难易程度的指标。即使研究型购物者有离线渠道向在线渠道迁徙的意愿，但如果感知在线购物网站操作不便捷的情境下，研究型购物者仍然可能会放弃在在线渠道购买产品或服务。同时，如果研究型购物者认为在线渠道的感知有用性不足以吸引他们离线渠道向在线渠道迁徙，则迁徙行为也不会发生。在线购买经验也会影响迁徙行为，一般情况下，在线购买经验充足的研究型购物者比在线购买经验相对匮乏的研究型购物者更有可能进行渠道迁徙。

二、创新扩散理论

（一）创新扩散的概念

罗杰斯（1962）最先提出创新扩散理念并将它定义为一种新想法在时间进程中借助某种介质向其他社会系统成员扩展传播的过程。[①] 创新事物、时间、沟通介质和社会系统构成了创新扩散的四个基本元素。创新事物是指该事物指对于采纳对象来说是新颖的，时间是指扩散传播所需的时间，沟通介质是指新事物在社会成员中扩散和传播的方式或路径，社会系统是指由政治、经济、文化等规范条件下的人类社会有机体。

（二）创新扩散的影响因素

创新扩散的影响因素包括三个方面：创新本身特质、个人创新性和他人影响。

------

① 埃弗雷特·M·罗杰斯著，辛欣译. 创新的扩散［M］. 中央编译出版社，2002.6（1）.

1. 创新本身特质

创新本身的相对优势、兼容性、复杂性、可试用性和可观察性都会影响创新事物的扩散。相对优势是指相比所要被替换的事物而言，创新事物所具有的优势，大多数情况下采用经济利益衡量相对优势。兼容性是指创新事物所体现的价值观与整个社会价值观以及创新事物潜在采纳者个人价值观相匹配的程度。一般来说，兼容性越强，创新事物扩散就越快。复杂性是指创新事物被潜在采纳者所操作的难易程度。如果创新事物越容易使用，它也会越容易被扩散和传播。可试用性是指创新事物在还没被潜在用户采纳之前被允许试用的程度。可观察性是指创新事物被使用后带给用户价值的大小。创新扩散理论广泛应用于农业器具和信息系统等领域，在影响创新事物扩散的前置因素中，以兼容性、复杂性和相对优势最为关键。具体如图 2-35 所示。

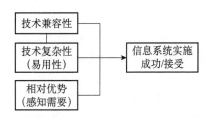

图 2-35　信息系统创新采纳的重要影响因素

2. 个人创新性

罗杰斯（1962）将个人创新性定义为个人比其他人采纳创新事物时间的早晚程度。由上述定义可知，创新性显著影响个人接纳新事物的时间。个人创新程度越高，他们接受新事物的时间也会越早，反之则越晚。摩尔（1911）认为个人创新性是指个人采纳创新事物意愿的强烈程度。后续研究按创新程度将受众划分为五类：创新者、早期采纳者、早期多数、后期多数和后期采纳者。图 2-36 显示了创新扩散进程。在扩散初期，曲线向下凸出且较为平缓，说明仅有少部分人愿意尝试创新事物。伴随时间不断向前推移，曲线变陡峭并向上凸出，说明创新扩散速度在加快，越来越多的消费者接纳创新事物，直至曲线到达某一峰值才会停止。

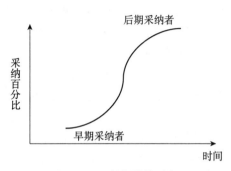

图 2-36　创新扩散过程

3. 他人影响

他人影响主要有三种方式：口碑传播、社会标记和网络外部性。口碑来源于创新事物的实际采用者，因此，它往往比广告等大众媒体对其他用户的影响更显著（干广昊和计春阳，2004）。当潜在用户通过观察被他们认可的已采纳用户以后，他们会通过效仿的形式显示与采纳者来自同一群体或者拥有相同社会地位。反之，他会拒绝效仿已采纳者，以显示与之不同。以上两种情形就是社会标记的横向作用和纵向作用。网络外部性分为两种：直接外部性和间接外部性。其中直接外部性是指创新事物采纳者越多，其价值就越大，间接外部性则是指采纳者数量间接影响创新事物的效用。

在线渠道尤其是移动互联网渠道对于一些购物者来说仍属于创新事物，研究型购物者想要自由穿梭在不同类型渠道进行购物，就会面临在线信息系统的接受和采纳问题，即在线信息系统扩散问题。因此，创新扩散理论适合解释研究型购物者渠道迁徙问题。在离线渠道向在线渠道迁徙过程中，研究型购物者个人创新性以及创新事物本身特征都会对迁徙行为产生影响。曹玉枝等（2013）研究指出，一般创新性和特定创新性显著正向影响消费者离线渠道向在线渠道迁徙意愿。同时，在线渠道尤其是在线渠道中的移动互联网渠道的比较优势和兼容性越明显，操作复杂程度又比较低的情境下，研究型购物者离线渠道向在线渠道迁徙的可能性也会越大，反之则越小。因此，在线信息系统感知易用性和感知有用性会显著影响研究型购物者离线渠道向在线渠道迁徙行为。

三、顾客价值理论

（一）顾客价值定义梳理

学术界对顾客价值的定义如表 2 - 2 所示。学者们以"感性"和"理性"为研究视角对顾客价值做了大量研究。其中"理性"视角的研究主要以利得和利失的差值作为评价标准衡量顾客价值，"感性"视角的研究则主要关注顾客购物过程中的情感体验。

表 2 - 2 顾客价值定义汇总

定义	学者
关系视角下顾客感知价值定义为：全过程价值 =（单情景获得 + 关系获得）/（单情景利失 + 关系损失），认为获得和损失间的权衡不能单单框定于某单一情景上，而要扩展到全体关系持续过程的价值①	拉瓦德（1994）
感知价值是顾客对产品属性的实际效用以及使用的结果所感知的偏好，这些产品属性在顾客对特定使用情景下有助于或有碍于实现自己目标和目的②	伍德拉夫（1997）
度量感知上的获得与感知上的损失或对产品效用进行完整意义的评价③	安德森（1991）

---

① Ravald. Creating Value By Delivering Integrated Solutions [J]. International Journal of Project Management, 1994, (3): 360 - 365.

② Woodruff. Customer Value: The Next Source for Competence Advantage [J]. Journal of Marketing Seience, 1997, 23 (6): 26 - 29.

③ Anderson. CRM Shifts to Data Mining to Keep Customers [J]. Global Finance, 1991, 15 (11): 2 - 34.

续表

定义	学者
感知价值是顾客与供应商情感上的纽带，它来源于产品的额外价值①	布茨（1996）
顾客知晓各种信息价值下所愿意支付的最高价值②	弗比斯（1981）
顾客感知价值其实就是感知所得与价格之间的函数③	杰克逊（1985）
产品提供给顾客并且能让顾客感知到的价值，同时，顾客愿意为此支付价值的意愿④	克里斯多夫（1982）
总价值减去总成本⑤	科特勒（2001）

国内学者也定义了顾客价值，武永红和范秀成（2003）认为顾客价值是指顾客从购物行为中所获取的利益、为获取利益所付出的成本以及对利得和利失权衡之后的总体评价。查金祥（2006）则认为顾客价值是对消费过程的一种总体评价，它既包括对利得和利失的权衡，也包含购物过程中所获得的情感体验。⑥

（二）顾客价值的结构维度与内涵

学者们主要从利得和利失两个方面衡量顾客价值。多尔顿和德鲁（1991）指出顾客价值不只是包括利得（如产品质量和利益等），还应该包含利失。⑦ 哈利法（2004）也认为应该从利得和成

---

① Butz. Foundations of the American Customer Satisfaction Index [J]. Total Quality Management. 1996, 11 (7): 869 – 883.

② Forbs. Managing Brand Equity [M]. New York: The Free Press, 1996.

③ Jakson. A Rating Scale for Measuring Produce/Service Satisfaction [J]. Journal of Marketing, 1980, 44 (44): 68 – 72.

④ Christophe. Selected Determinants of Consumer Satisfaction and Complaint Reports [J]. Journal of Marketing Researeh, 1983, 20 (20): 21 – 28.

⑤ ［美］菲利普·科特勒. 营销管理 [M]. 北京：中国人民大学出版社, 2001.

⑥ 查金祥：《B2C 电子商务顾客价值与顾客忠诚的关系研究》，浙江大学博士生论文, 2006.

⑦ Borton R N, Drew J H. A Multistage Model of Customers' Assessments of Service Quality and Value [J]. Journal of Consumer Research, 1991, 17 (5): 375 – 384.

本两个维度衡量顾客价值。科特勒（2001）指出顾客价值由成本和价值两个部分组成，其中价值包括产品价值、人员价值、形象价值和服务价值，成本则包括时间、精神、体力和货币成本。

1. 顾客价值的分类：二分法

随着人们生活水平的提高和消费需求层次的提升，顾客不仅仅关注产品价格和产品功能，还特别重视产品所带给他们的附加价值（如情感满足等）。因此，学者们开始采用二分法对顾客价值进行划分，不仅关注顾客的"功利主义"，还重视顾客的"享乐主义"。巴宾等（1994）构建了购买价值理论，该理论认为购买价值可以划分为两个维度：效用价值和情感价值，并且认为情感价值是一种主观层面的感知利益，即顾客认为这种购物方式好玩或有趣，表达了顾客在娱乐和情感上的价值需要。钱德等（2000）把产品或服务利益划分为两大类：快乐主义利益和功能主义利益，其中快乐主义包括刺激、娱乐和自我尊重。功能主义是指顾客购买效用最大化，即以最小的付出获得最大的产出。

2. 网络顾客价值的内涵及维度

网络顾客价值是指网络顾客通过网络渠道进行产品购买和消费时，对其整体效用的认知和评价。艾利梅伊（1997）将网络价值划分为两个维度：效用价值和程序性价值，其中效用价值包括产品的功能性价值和信息价值等，程序性价值包括娱乐价值和互动性价值等。布尔多等（2002）提出网络背景下存在五种价值形式：社会价值、功利主义价值、享乐主义价值、学习价值和购买价值。汗和哈恩（2001）研究将网络消费者价值划分为两个维度：过程价值与内容价值，其中过程价值是指除产品本身价值以外的额外价值，它主要与人的情感相关联；内容价值是指网络消费者从产品购买中所获取的利益（如产品、服务和信息等），它的衡量涉及到网络购物所得、所失以及定制程度。詹申等（2003）构建了一个理论模型框架，指出了 B2C 电子商务环境中影响顾客感知价值的关键因素（质量、价格、情感和风险）。

消费者是否决定购买取决于消费者感知价值，即消费者对感知从购买中所获取价值与为获取价值所要付出成本的权衡。只有当消费者感知利得大于所要付出成本时，购买行为才会发生，否则就不会发生。研究型购物者是一群理性的购物者，他们的渠道迁徙行为是一种两阶段跨渠道购买行为。他们是否进行渠道迁徙取决于他们对迁徙行为的感知价值，即对所得利益和所付出成本的权衡。一般情况下，他们进行渠道迁徙的主要目的是想以最小代价获得目标渠道的比较优势。换句话说，只有当研究型购物者感知目标渠道给他带来的价值大于进行迁徙所要付出的成本时，渠道迁徙行为才会发生，否则就不会发生。显然，感知价值理论适合解释研究型购物者渠道迁徙行为。

四、期望效用理论

期望效用理论被广泛应用于多个学科当中，很多学者用它来解释和说明消费者购买决策和风险偏好问题。期望效用理论认为，在购买结果不确定情境下，消费者会事先对不同选择可能出现的结果做出预判，然后对每个结果赋予加权系数，最终得到购买总体效用。学者们经常采用期望效用理论判断消费者的购买决策效用。薛求知等（2003）设定购物者内心都存在一个用来计算购买效用的效用函数，在该效用函数中，自变量为购物者不同决策选择行为结果给他们带来的收益值，且结果与收益值两者之间呈一一对应关系。购物者 n 种不同决策选择行为会给他们带来 n 种可能出现的取值，这些取值记为 w_1，w_2，…，w_n。假如只有两种决策可供购物者选择：决策 1 和决策 2，决策 1 的结果取值 w_i 和决策 2 的结果取值 w_i 出现的概率分别以 p_i 和 q_i 表示，当 $\sum_{i=1}^{n} U(w_i) p_i > \sum_{i=1}^{n} U(w_i) q_i$，购物者会采用决策 1。在这种情形下，购物者期望的最大效用值为 $U_{max} = \sum_{i=1}^{n} U(w_i) p_i$。卡纳曼指出，个人选择行为过程其实是对行为结果损益的权衡过程。同时，卡纳曼还认为可以采用价值函数

（v）和权重函数（π）来阐释个人对损益的内在评估机制。购物者对因决策带给他们的结果期望值（E(p)）是可能出现的收益值（w_i）与购物者主观认为该收益出现概率（w_i）的乘积，当$\sum_{i=1}^{n} v(w_i)\pi(p_i) > \sum_{i=1}^{n} v(w_i)\pi(q_i)$时，购物者会选择决策1。

　　研究型购物者渠道迁徙行为是一种复杂的跨渠道购买行为，这类购买行为的复杂性主要体现在产品信息搜寻上。复杂的信息搜寻行为会产生大量可供选择的方案，每一种选择方案又会带来不同的结果。在这种情形下，研究型购物者会参照期望效用原理来对各种选择方案进行评估以便做出最优决策，从而获得最大迁徙效用。同时，研究型购物者还会采用期望效用理论权衡"展厅"和"反展厅"研究型渠道迁徙行为两者彼此的损益情况，以便最终决定究竟要采用何种类型的研究型渠道迁徙行为。

本章小结

　　本章阐述和界定了本书所涉及的几个重要概念及其内涵，回顾了消费者渠道迁徙行为、研究型购物者渠道迁徙行为、研究型购物者渠道迁徙行为准则以及行为理论基础的相关文献。在梳理和归纳现有相关文献的基础上，找出了现有研究的不足和空白点，进而提出了本书的研究主题和研究内容。

第三章

研究型购物行为的内在影响
因素的维度与测量

研究型购物行为实际上是一种两阶段跨渠道购买行为，而两阶段跨渠道购买行为又是一种渠道转换行为。渠道转换也被称为渠道迁徙行为（channel migration），目前仅有少数学者对它做出了较为明确的定义。托马斯和沙利文（2005）认为渠道转换是指购物者在相同零售商所建立的不同类型渠道间做出反复和动态的选择，该选择过程贯穿整个购买阶段。考夫曼等（2009）则认为渠道转换并不是渠道间反复和动态的选择过程，而是单向的迁徙行为。本研究采用考夫曼（2009）的研究，认为消费者渠道迁徙行为是一种单向渠道迁徙行为。在信息爆炸和产品极度丰富的现代社会，消费者要想找到合适的产品和排除寻找过程中的干扰信息，就需要进行一定量的信息搜寻活动。鉴于信息搜寻信息和购买交易在消费者购买决策中的重要地位，一些学者将购买决策过程划分为两个阶段：信息搜寻和购买交易，并就信息搜寻行为对购买行为的影响进行了相应研究。哈恩和金（2009）的研究结果表明，消费者对在线商家信息搜寻意愿直接影响在线购买行为。帕夫洛和伏吉森（2006）的研究也表明，消费者商品信息搜寻行为影响产品购买行为。上述学者的研究只是将购买决策过程划分为两个阶段，从单一渠道视角对消费者购买行为进行研究。尽管有学者利用多渠道零售商的纵向交易数据辨别顾客是否存在渠道迁徙行为，但这种方法只是测量了顾客在离线渠道与在线渠道两个购买渠道之间的迁徙行为，它没有考虑顾客信息搜寻渠道与购买渠道之间的迁徙行为，因而并未涵盖所有渠道迁徙行为。

学术界目前对渠道转换行为的相关研究主要集中在对转换行为的影响因素上，影响消费者渠道转换行为的因素是复杂和动态的。本书将影响消费者渠道转换的因素大致划分为三类：渠道因素，情景因素和消费者因素。在渠道因素方面，阿西姆（2008）认为不同渠道有各自的渠道属性，它们带来的成本和收益差异是影响消费者渠道转换的主要因素之一。其他学者的研究也验证了这一发现：渠道服务质量（蒙托亚，2003）、渠道便利性（多拉凯亚和乌西塔洛，2002）、渠道风险（布莱克，2002；蒙托亚，2003）和渠道交易成本（布莱克，2002）这四种渠道属性对消费者渠道转换均有显著影响。金（2002）也从收益与成本视角对实体渠道、在线渠道以及宣传册三种类型的渠道进行了分析和总结，其中渠道收益包括互动、购买便利、服务水平和情感体验，渠道成本包括购买活动中所付出的金钱、能量和时间。基乌等（2008）实证研究了在线感知风险、转换成本以及渠道吸引力对消费者渠道保留行为的影响且研究假设通过了实证检验。消费者渠道转换行为不仅受到渠道特性的影响，还会受到产品特征和购买情景的影响。产品特征如产品类别（古普塔，2004；托马斯和沙利文，2005）和产品体积、重量、包装（蒋，2006；舒，2008）等会对消费者渠道选择行为产生显著影响。此外，在不同的购物阶段，消费者也会进行渠道转换（巴拉萨布拉曼兰，2005）。在消费者因素方面，消费者的心理特征（动机、态度、生活方式等）、人口统计学特征（年龄、性别、消费者生命周期、收入和受教育程度等）和行为特征（主观性规范、购物体验等）都会影响消费者的渠道决策，进而影响渠道转换行为（库马尔和文卡特桑，2005；贝拉和阿维夫，2010；桑迪塔，2011）。

相比国外对渠道转换的研究，国内相关文献相对较少且大多数集中在最近几年。一些学者对西方渠道转换概念以及理论予以介绍及评价（王全胜等，2009；涂红伟等，2011）。胡正明和王亚卓

（2011）就购物者选择购买渠道的主要影响因素进行了实证研究，结果表明购物者自身因素、渠道属性、情境因素和产品属性对购物者渠道选择行为具有显著的影响。吴泗宗和苏靖（2011）就产品属性、渠道属性以及购物者特性对购物者的渠道选择行为进行了相应研究，并探讨了三要素组合机理以及各种组合类型下购物者的渠道选择行为。王国顺等运用 Agent 仿真建模方法，研究得出渠道信任倾向、可接触人数以及时间因素都会对消费者渠道选择行为产生影响。涂红伟等（2013）研究结果显示渠道吸引力、自我效能感和转换成本对"渠道搭便车"这类渠道迁徙行为影响显著。

由上述分析可以看出，尽管国内外学者对渠道转换行为做了不少研究，但现有研究仍存在以下问题。第一，研究的主导思想仍然是"将购物者带入零售商环境"，却未能很好地以购物者的内在价值需求为导向来探讨渠道迁徙问题，即"将零售商带入购物者环境"。第二，以往对渠道转换行为的文献只是研究渠道之间的转换行为，却很少讨论渠道属性在消费者购买决策过程中对渠道选择的影响，即很少有文献研究分阶段跨渠道购买行为的渠道迁徙行为。阿西姆（2008）研究指出，消费者感知渠道选择行为所产生的成本和收益差异是影响消费者渠道转换的主要因素。哈依和苏（2003）研究结果也表明，消费者会根据对渠道感知价值的大小选择购买渠道。由上述分析不难得出，尽管消费者内在感知价值因素在消费者渠道转换行为中扮演十分重要的作用，但目前仅有少数文献关注它们对渠道转换行为的重要性，很少将它们作为核心变量进行研究。因此，本研究从研究型购物者本身出发，以内在影响因素为研究视角，研究两阶段跨渠道购买的研究型购物行为具有一定的理论价值和现实意义。

离线渠道和在线渠道除了提供产品以供消费者购买的功能之外，还具有搜寻商品或服务信息的功能（涂红伟和周星，2011）。消费者的渠道迁徙行为涉及在线和离线两种不同类型的渠道，这两种渠道同时具备产品购买和信息搜寻功能。因此，涂红伟和贾雷

（2011）将消费者渠道迁徙行为划分为两个维度：渠道转换行为和渠道搭便车行为。渠道转换行为刻画了消费者在离线和在线两个不同类型的购买渠道之间的迁徙行为，渠道搭便车行为则是消费者在信息搜寻渠道和购买渠道之间的迁徙行为。同时，该论文还定义了渠道转换和渠道搭便车这两类渠道迁徙行为，其中渠道转换行为是指多渠道零售环境下消费者离线（在线）渠道向在线（离线）渠道迁徙的动态过程，渠道搭便车行为是指离线（在线）渠道信息搜寻后在线（离线）渠道购买的动态过程。涂红伟和周星（2011）进一步将消费者渠道迁徙路径总结为四种类型：离线渠道向在线渠道迁徙、在线渠道向离线渠道迁徙、离线信息搜寻后在线渠道购买和在线信息搜寻后离线渠道购买。具体如图 3-1 所示。在这四类渠道迁徙行为中，按照查特吉（2010）对研究型购物者的定义，只有第三类和第四类符合研究型购物者渠道迁徙行为特征。范霍夫等（2007）将在线信息搜寻后离线购买的渠道迁徙行为称为"re-search-shopping behavior"，并指出这类渠道迁徙行为是消费者最喜欢的购物方式之一。因此，研究型购物行为既是一种两阶段跨渠道购买的购物行为，也是一种渠道迁徙行为。按照渠道迁徙方向不同，研究型购物行为可以进一步划分为两个维度：离线渠道信息搜寻后在线渠道购买的购物行为和在线渠道信息搜寻后离线渠道购买的购物行为。

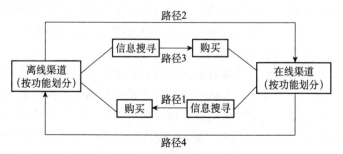

图 3-1　消费者渠道迁徙路径

尽管两阶段跨渠道购买的研究型购物行为在日常购物活动中随处可见，国外理论界目前对研究型购物行为也有了一些初步探讨，例如，概念界定、行为模式和行为的影响因素等。然而这些研究大多数仍停留在概念内涵表述和理论思辨上，缺乏系统的实证研究，尤其是应该如何测量这类购物行为的内在影响因素。因此，基于不同渠道迁徙方向的内在驱动因素，本书确定了研究型购物行为的内在影响因素的维度及其测量指标，以期为后续相关研究提供了理论依据。

第一节　题项的收集与整理

内容分析法是一种对传播内容进行客观、系统和定量的描述性研究方法，它是将非定量文献材料转化为定量数据，并依据这些数据对文献内容做出定量分析以及关于事实的判断和推论。研究型购物行为的内在影响因素的维度及其测量指标确定的具体步骤如下：首先，设计了一份半开放式的访谈问卷收集描述研究型购物行为的内在影响因素的原始陈述题项并建立相应题库。其次，采用内容分析法对原始陈述题项进行整理、提炼和修正以初步确定研究型购物行为的内在影响因素的维度及其测量指标，同时采用归类一致性和内容效度比检验初始测量量表信度和效度。最后，通过问卷调研法收集经验数据，并在此基础上采用 AMOS 统计分析软件对初始测量量表进行验证性分析以最终确定研究型购物行为的内在影响因素的维度及其相应测量指标。

我们以本科生为访谈对象，选取本科生作为访谈对象的主要原因有以下三个：首先，本科生通常对产品价格和购买风险都比较敏感，他们容易使用多种渠道进行信息搜寻以便获得物美价廉的产品或者规避购买风险。其次，研究型购物行为需要花费时间和精力，而本科生的闲暇时间通常比较充足，这为本科生进行研究型购物提供了充裕的时间保障。最后，本科生的购物技能比较好，可以在不同渠道中自由转换，这为研究型购物行为的发生提供了技术条件。

我们在几所大学对有过研究型购物经验的本科生进行了半结构化访谈。访谈提纲包括三个部分，第一部分是受访者个人信息，包括性别、年龄、专业以及网络购物经验。第二部分包括以下内容："您是否有过在实体店搜寻商品信息后在网上购买或者在网上搜寻商品信息后在实体店购买的经历？""一般在购买哪些商品时您才会采用上述购物行为？"和"您觉得这些商品具有什么样的共同特征？"。第三部分包括"研究型购物行为频率""引发研究型购物行为的内在影响因素"以及"渠道迁徙过程中所感知的转换成本"。详细情况见附录 A。原始题项选择、归纳、整理和修正的具体步骤如下：首先，我们根据筛选题"您是否有过在实体店搜寻商品信息后在网上购买或者在网上搜寻商品信息后在实体店购买的经历？"挑选出有研究型购物经验的样本。其次，按照渠道迁徙方向对离线渠道向在线渠道迁徙和在线渠道向离线渠道迁徙的有效样本进行分类，并在此基础上找出描述不同迁徙方向的内在影响因素的原始题项。最后，对原始题项进行筛选，其中筛选准则有两项：该题项不可以存在两个或两个以上的含义以及该题项一定是反映研究型购物行为的内在影响因素的陈述。我们拆分了少量有歧义的题项，经拆分之后的题项也必须符合以上两条准则。

（1）邀请三位判断者，向他们阐述每个类别所包含的意思，并从中选择一个题项作为阐述的事例。在此之后，请判断者根据自己的理解对全部题项进行归类。假如出现某个题项无法归属于任何一个类别的情况，就认为该题项不适合用来阐释研究型购物行为的内在影响因素。不适合的标准是三名判断者中有二名或者三名判断者认为该题项不能归属于所有类别，如果出现上述情况，就将该题项剔除。

（2）再选择另外三位判断者，仍然向他们阐述每个类别所包含的意思，并让他们大致了解整理后每个类别所包含的题项。在此基础上，让判断者给出每个类别中的每个题项对该类别的解释程度。按照程度将解释划分为三种类型：完全解释、比较能解释和不能解释。题项保留标准是六位判断者中至少有三位判断者认同该题项可以完全解释其所属类别，同时六名判断者中没有一个判断者认为该题项不能解释其所属类别。如果出现上述情况，就保留该题项，否则剔除该题项。

共有 79 名有效受访者参与此次访谈，有效受访者共列举与研究型购物行为的内在影响因素有关的原始陈述题项共 578 个，我们按照上述准则对这 578 个原始题项进行筛选，经剔除、归类和提炼后最终得到由 25 个题项组成的题库。

使用归类一致性检验调整后题库的信度。归类一致性的含义是判断者们对同一份研究资料进行整理和归类，归类后获得相同个数占总体的百分比。归类一致性的计算公式为：

$$CA = \frac{T1 \cap T2 \cap T3}{T1 \cup T2 \cup T3} \quad\quad (3-1)$$

在该式（3-1）中，T1 是甲判断者给出的判断个数，T2 是乙判断者给出的判断个数，T3 是丙判断者给出的判断个数。T1 ∩ T2 ∩ T3 的含义是所有判断者给出相同判断个数，T1 ∪ T2 ∪ T3 的含义是所有判断者给出的总判断个数。如果调整后题库的信度处于 0.8~0.9，表示题库信度可以接受。如果高于 0.9，则表示题库信度良好。我们邀请三位管理学博士研究生来判断题库的信度，结果显示信度为 92%。

使用内容效度比来测量调整后题库的效度。内容效度比的计算公式为：

$$CVR = \frac{ne - N/2}{N/2} \quad\quad (3-2)$$

其中，ne 表示在判断中某一个题项可以很好地阐述所测内容的判断者人数，N 表示所有参与判断的人数。在计算三名判断者对 25 个题项给出的 CVR 值的基础上，得出的如下结果，25 个题项中共有 22 个题项的 CVR 值为 1.00，3 个题项的 CVR 值为 0.33。对整理后题项进行频率统计，并最终得出研究型购物行为的内在影响因素的初始测量量表如表 3-1 所示。

表 3-1　　研究型购物行为的内在影响因素的初始量表与频率统计

研究型购物行为的内在影响因素的类型	研究型购物行为的内在影响因素的维度（次）	题项（次）	频率（%）
价值驱动型	感知有用性（127）	网上购买花费更少的时间和精力（13）	10.2
		网上购买花费更少的金钱（72）	56.7
		网上购买退换货比较方便（4）	3.1
		购物网站可提供更多可供选择的商品（27）	21.3
		网上购买不需要讨价还价（11）	8.7
	感知易用性（37）	整个网上购买很容易完成（7）	18.9
		与网上商家沟通很容易（9）	24.3
		在购物网站上能快速地找到需要的商品（21）	56.8
	感知娱乐性（27）	网上购买为我的生活增添乐趣（8）	29.6
		网上购买过程是一个轻松愉快的过程（8）	29.6
		网上购买过程是一个充满享受的过程（8）	29.6
		网上购买容易得到周围人的认可（3）	11.1
风险—成本规避型	感知风险（183）	网上购买容易出现图文与真实商品不一致（55）	30
		网上购买售后没有保障（15）	8.2
		网上更容易购买到不合格商品（74）	40.4
		网上购买存在泄露隐私问题（4）	2.2
		网上购买存在支付安全隐患（6）	3.3
		在网上购买到不满意商品退换货比较麻烦（16）	8.7
		网上购买可能会造成经济损失（13）	7.1
	感知成本（67）	需要花费大量的时间和精力来评估网上商品（19）	12
		网上购买需要花费时间等待商品到达（7）	4.4
		网上购买容易产生焦虑感（22）	14
	转换成本（92）	实体店购买需要花费更多的金钱（68）	42.8
		实体店购买需要花费更多的时间（12）	13
		实体店购买需要花费更多的精力（12）	13

此次共回收访谈问卷91份,其中有效问卷79份,有效率为86.8%。在有效样本中,受访者年龄在18～24岁的人数为72人,占有效样本总数的91.1%。网络购买经验在1～3年之间的人数为74人,占有效样本总数的93.7%。在有效样本中,男生样本人数为25人,占有效样本总数的31.6%;女生样本人数为54人,占有效样本总数的68.4%。偶尔使用研究型购物行为的样本人数为65人,占有效样本总数的82.3%。经常使用研究型购物行为的样本人数为14人,占有效样本总数的17.7%。在偶尔使用研究型购物行为的有效样本中,男生人数为23人,占有效男生样本总数的92%;女生人数为42人,占有效女生样本总数的77.8%。在经常使用研究型购物行为的有效样本中,男生人数为4人,占有效男生样本总数的16%;女生人数为16人,占有效女生样本总数的29.6%。在离线渠道向在线渠道迁徙的有效样本中,偶发性迁徙为51次,经常性迁徙为12次。在线渠道向离线渠道迁徙的有效样本中,偶发性迁徙为46次,经常性迁徙为4次。从上述分析不难得出,研究型购物行为在日常购物生活中普遍存在。对于偶发性研究型购物行为而言,男女性别之间并没有呈现显著差异。而对于经常性研究型购物行为而言,经常进行研究型购物的女生人数在有效女生样本总数中的占比(29.6%)是经常进行研究型购物的男生人数在有效男生样本总数中的占比(16%)的1.85倍。因此,经常性研究型购物行为在男女之间存在明显差异,女生在日常购物生活中明显更喜欢使用研究型购物行为。从不同渠道迁徙方向来看,就偶发性研究型购物行为而言,离线渠道向在线渠道迁徙次数(51次)与在线渠道向离线渠道迁徙次数(46次)并没有显著区别。但对于经常性研究型购物行为而言,离线渠道向在线渠道迁徙次数(12次)远远高于在线渠道向离线渠道迁徙次数(4次)。从产品来看,购买次数从多到少排名前四的产品依次是服装(102次)、手机(45次)、化妆品(39次)和计算机(35次),而购买次数从少到多排名最后两位的产品分别是日用百货(3次)和小饰品(5次)。同时，受访者认为研究型购物行为所涉及商品最重要的共同特征是商品本身价格高、商品体验特征明显、网上与实体店的价格差异大和对商品不熟悉。不难得出，产品种类显著影响了研究型购物行为。

第二节　问卷设计及测试实施

调查问卷主要包括两个部分，第一部分是受访者的个人信息，包括性别、年龄、学历、收入和职业；第二部分是受访者对研究型购物行为测量指标的评价。测量 6 个维度的 25 个指标的顺序被打乱，采用李克特 7 级量表对初始量表进行测量，从 1 到 7 表示从非常不同意到非常同意。

此次调查共回收问卷 304 份，其中有效问卷为 252 份，有效率为 82.9%。男生人数为 96 人，占有效本样总数的 38.1%。学历以本科为主，占有效本样总数的 71.4%。年龄以 30 岁以下的年轻群体为主体，这部分人群占有效样本总数的 76.6%。收入在 3000 元以下的人群占有效样本总数的 57.9%，这是因为学生样本占有效样本总数的 50.8%。具体样本特征如表 3 - 2 所示。表 3 - 3 显示了购买频次从多到少排名前四的产品依次是服装和鞋（143 次）、手机（116 次）、化妆品（105 次）和计算机（94 次），购买频次从少到多排名前四的产品依次是音像制品（7 次）、计算机配件（9 次）、百货（14 次）和图书（21 次）。同时，家具、建材和装修类产品的购买次数分别为 47 次、43 次和 41 次。由上述分析不难看出，在价格高、体验特征明显以及不熟悉的产品中购物者容易使用研究型购物行为，而在价格低、标准化程度高以及熟知的产品中购物者则不容易使用研究型购物行为。在有效样本中，偶尔进行研究型购物的人数为 201 人，占有效样本总数的 79.8%。经常进行研究型购物的人数为 51 人，占有效样本总数的 20.2%。在经常使用研究型购物行为的有效样本中，男性购物者为 10 人，在有效男性样本总数的 10.4%。女性购物者为 41 人，占有效女性样本总数的 26.3%。具体情况如表 3－4 所示，性别 * 频次交叉图则如图 3－2 所示。对性别和频次样本数据进行 pearson 卡方检验，P = 0.002，男女群体之间的研究型购物行为频次具有显著差异，经常性研究型购物行为在女性群体中更普遍。

表 3－2　　　　　　　　　　调查问卷样本特征

特征		人数	占比(%)	特征		人数	占比(%)
性别	男	101	40.1	收入	1000 元以下	54	21.4
	女	151	59.9		1000~2999 元	92	36.5
年龄	18 岁以下	9	3.6		3000~5999 元	44	17.5
	18~24 岁	104	41.3		6000~7999 元	33	13.1
	25~30 岁	80	31.7		8000 元以上	29	11.5
	31~40 岁	44	17.5	职业	公司员工	75	29.8
	40 岁以上	15	6		公务员	13	5.2
学历	大专以下	12	4.8		教师	22	8.7
	大专	27	10.7		学生	128	50.8
	本科	180	71.4		其他	14	5.6
	硕士及以上	33	13.1				

表 3－3　　　　　　　　　　产品与购买次数

商品	次数	商品	次数
计算机	94	电器	72
手机	116	数码相机	67
服装和鞋	143	化妆品	105
珠宝	58	建材	41
首饰	53	装修	43
家具	47	计算机配件	9
百货	14	图书	21
音像制品	7	其他	36

表 3 - 4   性别 * 频次交叉

			频次		总和
			偶尔	经常	
性别	男	个数	86	10	96
		性别内占比（%）	89.6	10.4	100.0
		频次内占比（%）	42.8	19.6	38.1
		占总和的比重（%）	34.1	4.0	38.1
	女	个数	115	41	156
		性别内占比（%）	73.7	26.3	100.0
		频次内占比（%）	57.2	80.4	61.9
		占总和的比重（%）	45.6	16.3	61.9
总和		个数	201	51	252
		性别内占比（%）	79.8	20.2	100.0
		频次内占比（%）	100.0	100.0	100.0
		占总和的比重（%）	79.8	20.2	100.0

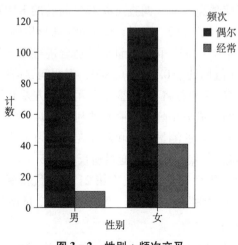

图 3 - 2 性别 * 频次交叉

第三节 量表的检验与确定

研究型购物行为的内在影响因素的维度及其测量指标的确定按照以下研究步骤进行。首先，采用各测量指标与维度之间相关系数的方法净化测量指标，如果相关系数小于0.3，就剔除该测量指标。在此基础上，采用 Cronbach's a 系数对量表进行信度检验。如果剔除某个测量指标能够显著提高 Cronbach's a 的值，则剔除该测量指标。与此同时，采用 EFA（exploratory factor analysis）对量表进行信度和效度检验。

一、问卷的信度和效度

根据统计学家 Kaiser 提出的标准，当 KMO > 0.8 时，说明量表可以做因子分析。同时，当 KMO 值与1越靠近时，量表适合做因子分析的程度就越高。本次调查所获有效问卷的 KMO = 0.850，表明问卷可以进行因子分析。同时，Bartllet's 球形检验 P = 0.000，明显低于显著性水平0.05，再次验证问卷适合进行因子分析。各维度的 Cronbach's a 值均处于0.708 ~ 0.880，表明问卷信度良好。

表3 - 5 的第5列是将25个变量采用最大方差旋转法进行正交旋转以后获得的主成分矩阵。按照农纳利（1994）的观点，旋转后的因素载荷小于0.4的测量指标和载荷在两个因子均高于0.4的测量指标要被剔除。[①] 第一个因子变量所反映的5个测量指标都属于预设的"感知有用性"构念，其中第21个测量指标（V21）的因子载荷小于0.4，因此将其剔除。第二个因子变量所反映的3个测

---

① Nunnaly J C, Bernstein I H. Psychometric Theory [M]. New York: McGRAW - HILL, 1994.

量指标都属于"感知易用性"构念，第三个因子变量所反映的 4 个测量指标都属于初始量表的"感知娱乐性"构念，其中第 23 个测量指标（V23）的因子载荷比 0.4 要小，因此将其剔除。第四个因子变量所反映的 7 个测量指标都属于初始量表的"感知风险"构念，其中第 17 个测量指标（V17）和第 24 个测量指标（V24）在两个因子上的载荷都大于 0.4，因此将它们剔除。第五个因子变量所反映的 3 个测量指标都属于初始量表的"感知成本"构念以及第六个因子变量所反映的 3 个测量指标均属于预设的"转换成本"构念。删减后，对剩余的 21 个测量指标进行项目分析，结果如表 3-6 所示。整份问卷的 KMO 值是 0.891，Bartllet's 球形检验的 P 值为 0.000，小于显著性水平 0.05，表明量表适合做因子分析。同时，样本数据按特征值大于 1 提取了 6 个因子，累计方差解释率为 74.698。最大方差旋转之后每个测量指标的因子载荷均高于 0.6，并且载荷值在两个因子上均高于 0.4 或者或在一个因子上的载荷值小于 0.4 的测量指标没有出现。同时，各维度的 Cronbach's a 都在 0.7 以上。各测量指标在 0.001 的显著水平下均相关，表明了问卷的建构效度很好。因此，整份问卷的信度和效度良好。

二、验证性因子分析

根据上述分析的结果，将最终得到的 6 个维度及其 21 个测量指标构建研究型购物行为的内在影响因素的维度模型，如图 3-3 所示。

为了验证图 3-3 的维度模型与实际经验数据是否匹配，采用 AMOS17.0 软件进行 CFA（confirmatory factor analysis）。检验结果表明模型能够收敛识别，各维度的标准化路径如图 3-4 所示。从图 3-4 可以看出，每个测量指标在其相应的因素构面上的标准载荷均处于 0.65~0.89，表明了研究型购物行为的内在影响因素的维度量表具有良好的信度。

表3-5 研究型购物行为的内在影响因素的初始量表和信度检验、因子分析结果

维度	指标号	测量指标	CITC	旋转后的因子载荷	各维度的 Cronbach's a
感知有用性	10	网上购买花费更少的时间和精力	0.826	0.801	0.795
	6	网上购买花费更少的金钱	0.856	0.847	
	15	购物网站可提供更多可供选择的商品	0.814	0.799	
	7	网上购买不需要讨价还价	0.808	0.800	
	21	网上购买退换货比较方便	0.329	0.261	
感知易用性	1	整个网上购买很容易完成	0.886	0.808	0.880
	5	与网上商家沟通很容易	0.918	0.831	
	18	在购物网站上能快速地找到我需要的商品	0.890	0.823	
感知娱乐性	3	网上购买为我的生活增添乐趣	0.807	0.765	0.708
	12	网上购买过程是一个轻松愉快的过程	0.807	0.788	
	9	网上购买过程是一个充满享受的过程	0.838	0.799	
	23	网上购买容易得到周围人的认可	0.474	0.239	
感知风险	20	网上购买容易出现图文与真实商品不一致	0.780	0.763	0.873
	8	网上购买售后没有保障	0.816	0.803	
	4	网上更容易购买到不合格商品	0.796	0.790	
	11	在网上购买不满意商品退换货比较麻烦	0.839	0.852	
	14	网上购买可能会造成经济损失	0.753	0.731	
	17	网上购买存在泄露隐私问题	0.665	0.601/0.509	
	24	网上购买存在支付安全隐患	0.618	0.526/0.491	

续表

维度	指标号	测量指标	CITC	旋转后的因子载荷	各维度的Cronbach's a
感知成本	19	需要花费大量的时间和精力评估网上商品	0.878	0.726	0.829
	22	网上购买需要花费时间等待商品到达	0.896	0.739	
	13	网上购买容易产生焦虑感	0.815	0.670	
转换成本	2	实体店购买需要花费更多的金钱	0.836	0.811	0.816
	16	实体店购买需要花费更多的时间	0.881	0.840	
	25	实体店购买需要花费更多的精力	0.848	0.796	

表3-6　研究型购物行为的内在影响因素的信度检验和因子分析结果

维度	指标号	测量指标	CITC	旋转后的因子载荷	各维度的Cronbach's a
感知有用性	10	网上购买花费更少的时间和精力	0.811	0.801	0.875
	6	网上购买花费更少的金钱	0.845	0.847	
	15	购物网站可提供更多可供选择的商品	0.807	0.799	
	7	网上购买不需要讨价还价	0.806	0.800	
	1	整个网上购买很容易完成	0.814	0.808	
感知易用性	5	与网上商家沟通很容易	0.961	0.831	0.880
	18	在购物网站上能快速地找到需要的商品	0.839	0.823	
感知娱乐性	3	网上购买为我的生活增添乐趣	0.786	0.765	0.831
	12	网上购买过程是一个轻松愉快的过程	0.800	0.788	
	9	网上购买过程是一个充满享受的过程	0.808	0.799	
	20	网上购买容易出现图文与真实商品不一致	0.783	0.763	
感知风险	8	网上购买后售后没有保障	0.833	0.803	0.891
	4	网上更容易购买到不合格商品	0.828	0.790	
	11	在网上购买到不满意商品退换货比较麻烦	0.866	0.852	
	14	网上购买可能会造成经济损失	0.724	0.731	
感知成本	19	需要花费大量的时间和精力评估网上商品	0.809	0.726	0.829
	22	网上购买需要花费时间等待商品到达	0.828	0.739	
	13	网上购买容易产生焦虑感	0.680	0.670	
转换成本	2	实体店购买需要花更多的金钱	0.802	0.811	0.816
	16	实体店购买需要花费更多的时间	0.834	0.840	
	25	实体店购买需要花费更多的精力	0.811	0.796	

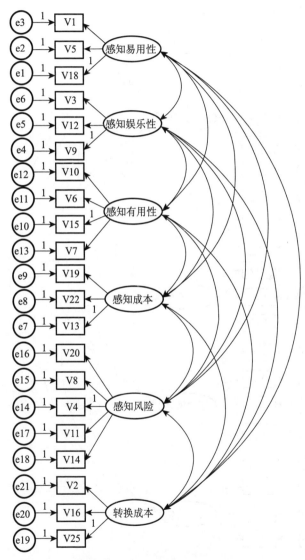

图 3-3　研究型购物行为的内在影响因素的维度模型

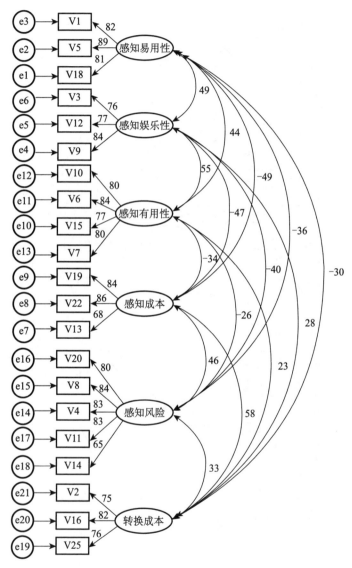

图 3-4 研究型购物行为的内在影响因素的各维度标准化路径

按照现行通用标准，本文使用 x^2/df、GFI、AGFI、IFI、NFI、CFI 和 RMSEA 七个拟合优度指标对研究型购物行为的内在影响因素的维度模型进行整体适配度检验。一般情况下，当 $x^2/df < 3$ 时，说明研究模型拟合较好。同时，如果 x^2/df 值越小，表明模型拟合越好。当 GFI > 0.9 和 AGFI > 0.9 时，说明模型拟合较好。同时，当 GFI 和 AGFI 值越接近 1，表示模型拟合越好。当 IFI > 0.9、NFI > 0.9 和 CFI > 0.9 时，说明模型拟合较好。同时，当 IFI、NFI 以及 CFI 值越接近 1 时，说明模型拟合程度越好。当 RMSEA < 0.08 时，说明模型拟合较好。

模型的拟合情况如表 3 - 7 所示，各拟合指数的实际值除了 AGFI 值（0.872）略小于推荐值之外，其他实际值都在推荐值以内，可见理论模型与实际数据拟合程度良好。因此，就整体而言，从主要适配度统计量分析，修正后的研究型购物行为的内在影响因素的维度模型与实际数据可以适配。

表 3 - 7　　　　　　　模型拟合指数推荐值及实际值

拟合指数	x^2/df	GFI	AGFI	CFI	NFI	IFI	RMSEA
推荐值	< 2	> 0.90	> 0.90	> 0.90	> 0.90	> 0.90	< 0.08
实际值	1.695	0.904	0.872	0.958	0.905	0.957	0.053

注：x^2/df 为卡方值与自由度的比率，GFI 为拟合优度指数，AGFI 为调整的拟合优度指数，CFI 为比较拟合指数，NFI 为规范拟合指数，IFI 为增量适度指数，RMSEA 为近似误差的均方根。

利用 AMOS17.0，采用极大似然法估计的参数值如表 3 - 8 所示。第二列是没有进行标准化的回归系数，第 3 列是估计系数的标准误且标准误均介于 0.043 ~ 0.117，没有出现很大的值。第 4 列是各路径对应的 T 值，第 5 列表示路径的显著性概率 P 值，从表中可以看出，P 值均小于 0.001，表明回归系数显著不等于 0。

如表 3 - 8 第 6 列是潜变量对观测变量影响的标准化回归系数以及各变量彼此之间的相关系数。如感知有用性和 V15 之间的标准化回归系数为 0.756，说明"感知有用性"构念对观测变量 V15 的

表3-8　　　　　　模型的基本适配度检验和参数估计

路径	非标准化估计值	标准误	T 值	P	标准化估计值
V15 ←——感知有用性	1.000				0.765
V6 ←——感知有用性	0.940	0.071	13.316	***	0.836
V10 ←——感知有用性	0.966	0.075	12.815	***	0.804
V7 ←——感知有用性	0.902	0.071	12.700	***	0.798
V18 ←——感知易用性	1.000				0.815
V5 ←——感知易用性	1.104	0.071	15.465	***	0.892
V1 ←——感知易用性	0.979	0.068	14.415	***	0.822
V9 ←——感知娱乐性	1.000				0.845
V12 ←——感知娱乐性	0.957	0.076	12.638	***	0.775
V3 ←——感知娱乐性	1.065	0.086	12.412	***	0.761
V4 ←——感知风险	1.000				0.835
V8 ←——感知风险	1.022	0.065	15.777	***	0.844
V20 ←——感知风险	0.967	0.066	14.615	***	0.799
V11 ←——感知风险	0.975	0.064	15.355	***	0.827
V14 ←——感知风险	0.783	0.071	10.969	***	0.645
V13 ←——感知成本	1.000				0.682
V22 ←——感知成本	1.331	0.117	11.357	***	0.857
V19 ←——感知成本	1.238	0.110	11.229	***	0.836
V25 ←——转换成本	1.000				0.765
V16 ←——转换成本	1.161	0.103	11.305	***	0.820
V2 ←——转换成本	0.934	0.087	10.752	***	0.746
评价标准		没有很大的值	达到显著水平	<0.001	介于0.5到1之间
模型适配判断		适配	适配	适配	适配
感知易用性↔感知娱乐性	0.329	0.056	5.817	***	0.488
感知娱乐性↔感知有用性	0.350	0.056	6.250	***	0.553
感知成本↔感知有用性	-0.198	0.047	-4.225	***	-0.345
感知成本↔感知风险	0.271	0.051	5.332	***	0.455
感知风险↔转换成本	0.188	0.045	4.136	***	0.328
感知易用性↔感知有用性	0.270	0.051	5.323	***	0.438

续表

路径	非标准化估计值	标准误	T 值	P	标准化估计值
感知有用性↔感知风险	- 0. 155	0. 045	- 3. 439	***	- 0. 256
感知成本↔转换成本	0. 316	0. 053	5. 905	***	0. 582
感知易用性↔感知成本	- 0. 296	0. 054	- 5. 512	***	- 0. 486
感知娱乐性↔感知风险	- 0. 265	0. 052	- 5. 054	***	- 0. 402
感知有用性↔转换成本	- 0. 128	0. 043	- 2. 996	* *	- 0. 233
感知易用性↔感知风险	- 0. 229	0. 049	- 4. 636	***	- 0. 357
感知娱乐性↔转换成本	- 0. 168	0. 048	- 3. 509	***	- 0. 281
感知易用性↔转换成本	- 0. 176	0. 046	- 3. 810	***	- 0. 302
感知娱乐性↔感知成本	- 0. 292	0. 055	- 5. 318	***	- 0. 468

直接效果值是 0. 756。第 6 列中各因素的负荷量取值介于 0. 645 与 0. 892 之间,表明模型具有良好的基本适配度,各潜变量可以有效地反映其测量的构念特征。"感知易用性"和"感知娱乐性"的协方差为 0. 329,两者的相关系数为 0. 488。"感知娱乐性"和"感知有用性"的协方差为 0. 350,两者的相关系数为 0. 553。"感知易用性"和"感知有用性"两者的协方差为 0. 270,相关系数为 0. 438。"感知易用性""感知有用性"和"感知娱乐性"三者彼此之间的相关系数都达到了 0. 001 的显著水平,说明它们之间可能存在一个更高阶的共同因子。"感知成本"和"感知风险"的协方差为 0. 271,两者的相关系数为 0. 455。"感知风险"和"转换成本"的协方差为 0. 188,两者的相关系数为 0. 328。"感知成本""转换成本"的协方差为 0. 316,两者的相关系数为 0. 582。"感知风险""感知成本""转换成本"三者彼此之间的相关系数都达到了 0. 001 的显著水平,说明它们之间可能存在一个更高阶的共同因子。

因素负荷量的平方是各观测变量的信度系数,"1 - 信度系数"是各观测变量的测量误差。为了进一步检验模型的内在质量,将各观测变量的因素负荷量、信度系数和测量误差整理如表 3 - 9 所示。

根据公式（3-3）：组合信度 $GR = \dfrac{(\Sigma \text{标准化因素负荷量})^2}{\left(\begin{smallmatrix}\Sigma\text{标准化}\\ \text{因素负荷量}\end{smallmatrix}\right)^2 + \Sigma\left(\begin{smallmatrix}\text{测量}\\ \text{误差}\end{smallmatrix}\right)}$，能够得到各潜变量的 CR 值。组合信度是用来检验潜变量的信度指标。六个潜变量的组合信度都大于 0.8，说明模型具有较为理想的内在质量。

根据公式（3-4）：平均变异量抽取值 $AVE = \dfrac{(\Sigma \text{标准化因素负荷量})^2}{\left(\begin{smallmatrix}\Sigma\text{标准化}\\ \text{因素负荷量}\end{smallmatrix}\right)^2 + \Sigma\left(\begin{smallmatrix}\text{测量}\\ \text{误差}\end{smallmatrix}\right)}$，可以计算出各潜变量的平均变异量抽取值，这是衡量潜变量对其观测变量变异程度解释能力的指标，数值越大表明观测变量对其共同因子潜在特征的解释能力就越强。六个潜变量的 AVE 值均大于 0.6，说明模型的收敛效度良好。六个潜变量的 CR 值均大于 0.8，说明模型的信度较好。各观测变量的因子负荷量均位于 0.645 与 0.892 之间，信度系数除了 V13 和 V14 略小于 0.5 以外，其他测量指标的信息系数值均位于 0.557 与 0.796 之间，表明模型基本适配度良好。具体如表 3-9 所示

表 3-9 模型内在质量的检验

观测变量	因子负荷量	测量误差	信度系数	平均变异量抽取值（AVE）	组合信度（CR）
V15	0.765	0.415	0.585		
V6	0.836	0.301	0.699	0.642	0.877
V10	0.804	0.354	0.646		
V7	0.798	0.363	0.637		
V18	0.815	0.336	0.664		
V5	0.892	0.204	0.796	0.712	0.881
V1	0.822	0.324	0.676		
V9	0.845	0.286	0.714		
V12	0.775	0.399	0.601	0.631	0.837
V3	0.761	0.421	0.579		

续表

观测变量	因子负荷量	测量误差	信度系数	平均变异量抽取值（AVE）	组合信度（CR）
V4	0.835	0.303	0.697		
V8	0.844	0.288	0.712		
V20	0.799	0.362	0.638	0.629	0.894
V11	0.827	0.316	0.684		
V14	0.645	0.584	0.416		
V13	0.682	0.535	0.465		
V22	0.857	0.266	0.734	0.633	0.837
V19	0.836	0.301	0.699		
V25	0.765	0.415	0.585		
V16	0.820	0.328	0.672	0.605	0.821
V2	0.746	0.443	0.557		
评价标准	>0.5		>0.5	>0.5	>0.6
模型适配判断	适配		基本适配	适配	适配

综上所述，"研究型购物行为的内在影响因素"EFA模型中的绝大部分拟合指数都能够满足检验标准，表明整体模型具有良好的适配度，模型外在质量比较好。同时，某个观测变量同时出现在两个潜变量的情形没有发生，各观测值都出现在各自预设的潜变量上，表明模型具有良好的区别效度。

由图3-5可知，一阶验证性因子分析模型中发现"感知易用性""感知有用性""感知娱乐性"三者彼此之间具有较高的相关关系。在此情形下，可以更进一步假设"感知易用性""感知有用性"和"感知娱乐性"这三个潜变量存在更高阶"价值驱动型"因子构念。采用AMOS17.0软件对价值驱动型进行二阶验证性因子分析，具体结果如图3-6所示。

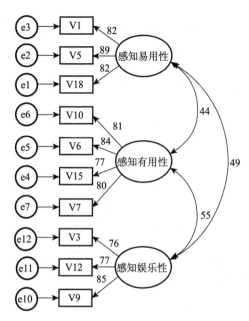

图 3-5　价值驱动型维度标准化路径

模型的拟合情况如表 3-10 所示，各拟合指数的实际值都位于推荐值之内，可见理论模型与实证数据具有较高的拟合度。

表 3-10　模型拟合指数推荐值及实际值

拟合指数	x^2/df	GFI	AGFI	CFI	NFI	IFI	RMSEA
推荐值	<2	>0.90	>0.90	>0.90	>0.90	>0.90	<0.08
实际值	1.570	0.964	0.938	0.986	0.964	0.987	0.048

注：x^2/df 为卡方值与自由度的比率，GFI 为拟合优度指数，AGFI 为调整的拟合优度指数，CFI 为比较拟合指数，NFI 为规范拟合指数，IFI 为增量适度指数，RMSEA 为近似误差的均方根。

使用软件 AMOS17.0，采用极大似然法估计的参数值如表 3-11 所示。第 5 列中各路径的 P<0.001，说明回归系数明显和 0 不相等。第 6 列表明了各测量指标在初阶因子上的载荷量都处于 0.622 与 0.891 之间。"感知有用性""感知易用性""感知娱乐性"这三个初

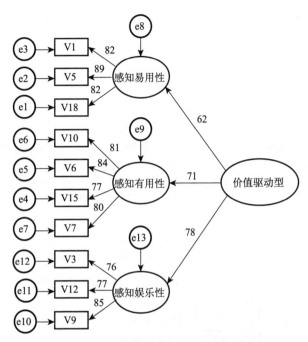

图3-6 价值驱动型二阶验证性因子分析标准化路径

阶因子在更高阶因子"价值驱动型"的载荷量分别为 0.705、0.622 和 0.784。各测量指标在初阶因子以及初阶因子在更高阶因子的载荷量都高于 0.6，显示了模型确实存在"价值驱动型"因素构念。

表3-11　　　　　模型的基本和适配检验和参数估计

路径	非标准化估计值	标准误	T 值	P	标准化估计值
V15 ←— 感知有用性	1.000				0.765
V6 ←— 感知有用性	0.941	0.071	13.324	***	0.837
V10 ←— 感知有用性	0.968	0.075	12.829	***	0.802
V7 ←— 感知有用性	0.900	0.071	12.664	***	0.798

续表

路径	非标准化估计值	标准误	T 值	P	标准化估计值
V18 ←—— 感知易用性	1.000				0.816
V5 ←—— 感知易用性	1.101	0.072	15.332	***	0.891
V1 ←—— 感知易用性	0.978	0.068	14.383	***	0.822
V9 ←—— 感知娱乐性	1.000				0.843
V12 ←—— 感知娱乐性	0.950	0.076	12.457	***	0.777
V3 ←—— 感知娱乐性	1.054	0.086	12.233	***	0.760
感知易用性 ←—— 价值驱动型	1.000			***	0.622
感知娱乐性 ←—— 价值驱动型	1.299	0.222	5.863	***	0.784
感知有用性 ←—— 价值驱动型	1.065	0.182	5.845	***	0.705
评价标准		没有很大的值	达到显著水平	<0.001	介于0.6到1之间
模型适配判断		适配	适配	适配	适配

由图 3-7 可知，一阶验证性因子分析模型中发现"感知成本"

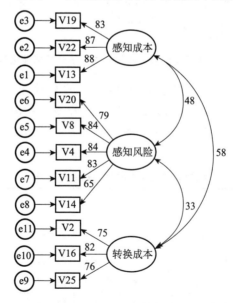

图 3-7　风险和成本规避型维度标准化路径

"感知风险""转换成本"三者彼此之间具有较高的相关关系。在此情形下，可以更进一步假设"感知成本""感知风险""转换成本"这三个潜变量存在更高阶"风险和成本规避型"因子构念。采用 AMOS17.0 软件对风险和成本规避型进行二阶验证性因子分析，具体情况如图 3 - 8 所示。

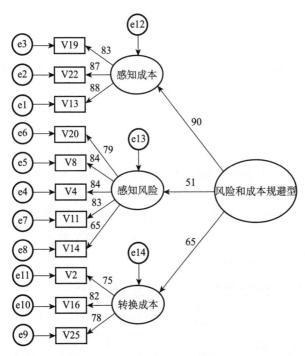

图 3 - 8   风险和成本规避型二阶验证性因子分析标准化路径

图 3 - 8 显示了"感知成本""感知风险""转换成本"三个初阶因子在高阶因子"风险和成本规避型"的标准化因子负载分别为 0.90、0.51 和 0.65，均大于 0.5。

模型的拟合情况如表 3 - 12 所示，各拟合指数除了 AGFI 值 （0.859）略小于推荐值 0.9 和 RMSEA 值（0.096）略高于推荐值 0.008 以外，其他实际值都处于推荐值之内，可见理论模型与实证数据具有较高的拟合度。因此，从主要适配度统计量来分析，风险和成本规避型的标准化估计值模型与实际数据可以适配。

表 3 - 12　　　　　　　模型拟合指数推荐值及实际值

拟合指数	GFI	AGFI	CFI	NFI	IFI	RMSEA
推荐值	>0.90	>0.90	>0.90	>0.90	>0.90	<0.08
实际值	0.912	0.859	0.935	0.910	0.936	0.096

注：GFI 为拟合优度指数，AGFI 为调整的拟合优度指数，CFI 为比较拟合指数，NFI 为规范拟合指数，IFI 为增量适度指数，RMSEA 为近似误差的均方根。

利用软件 AMOS17.0，采用极大似然法估计的参数值如表 3 - 13 所示。第 3 列各路径的标准误都处于 0.063 ~ 0.153，没有出现很大的值。第 5 列各路径的 P < 0.001，说明回归系数明显和 0 不相等。第 6 列表明了各测量指标在初阶因子的标准载荷量都处于 0.645 ~ 0.868。"感知成本""转换成本""感知风险"三个初阶因子在更高阶因子"风险和成本规避型"的载荷量分别达 0.896、0.646 和 0.508。除了"感知风险"在"风险和成本规避型"构念上的载荷量（0.508）略于 0.6 以外，各测量指标在初阶因子以及初阶因子在更高阶因子的载荷量都大于 0.6，显示了模型确实存在"风险和成本规避型"因素构念。

表 3 - 13　　　风险和成本规避型模型基本适配度检验和参数估计

路径	非标准化估计值	标准误	T 值	P	标准化估计值
V4 ←——感知风险	1.000				0.838
V8 ←——感知风险	1.013	0.064	15.737	***	0.840
V20 ←——感知风险	0.957	0.066	14.530	***	0.794
V11 ←——感知风险	0.978	0.063	15.552	***	0.833
V14 ←——感知风险	0.780	0.071	10.992	***	0.645
V13 ←——感知成本	1.000				0.679
V22 ←——感知成本	1.163	0.103	11.293	***	0.868
V19 ←——感知成本	0.934	0.087	10.735	***	0.827
V25 ←——转换成本	1.000				0.755

续表

路径	非标准化估计值	标准误	T 值	P	标准化估计值
V16 ←——转换成本	1. 148	0. 102	11. 294	***	0. 821
V2 ←——转换成本	0. 929	0. 086	10. 774	***	0. 745
感知成本←——风险和成本规避型	1. 000			***	0. 896
感知风险←——风险和成本规避型	0. 602	0. 134	4. 478	***	0. 508
转换成本←——风险和成本规避型	0. 694	0. 153	4. 538	***	0. 646
评价标准		没有很大的值	达到显著水平	<0. 001	介于 0. 5 到 1 之间
模型适配判断		适配	适配	适配	适配

图 3 - 9 显示，各测量指标在初阶因子的标准负载均大于 0. 6，初阶因子除了"感知风险"在高阶因子"风险和成本规避型"的标准负载略小于 0. 6 以外，其余初阶因子在其相应高阶因子的标准负载均大于 0. 6，表明量表信度良好。价值驱动型以及成本和风险规避型之间的相关系数为 - 0. 71，两者呈显著负相关。

模型的拟合情况如表 3 - 14 所示，各拟合指数的实际值都在推荐值之内，可见理论模型与实证数据具有较高的拟合度。

表 3 - 14　　　　　模型拟合指数推荐值及实际值

拟合指数	x^2/df	GFI	AGFI	CFI	NFI	IFI	RMSEA
推荐值	<2	>0. 90	>0. 90	>0. 90	>0. 90	>0. 90	<0. 08
实际值	1. 694	0. 9000	0. 873	0. 956	0. 901	0. 957	0. 053

注：x^2/df 为卡方值与自由度的比率，GFI 为拟合优度指数，AGFI 为调整的拟合优度指数，CFI 为比较拟合指数，NFI 为规范拟合指数，IFI 为增量适度指数，RMSEA 为近似误差的均方根。

利用软件 AMOS17. 0，采用极大似然法估计的参数值如表 3 - 15 所示。第 5 列中各路径的 P <0. 001，说明回归系数显著和 0 不相等。

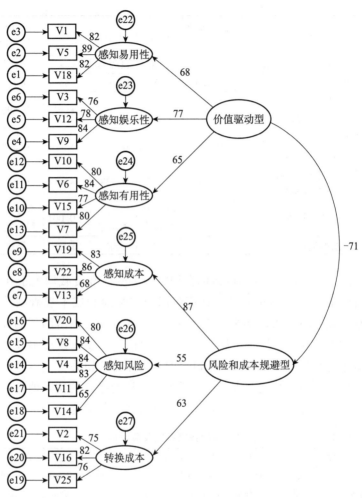

图 3 - 9　研究型购物行为的内在影响因素的维度标准化路径

第 6 列表明了各测量指标在初阶因子的载荷量都处于 0.646 ~
0.891。"感知易用性""感知有用性""感知娱乐性"三个初阶因
子在更高阶因子"价值驱动型"的载荷量分别为 0.682、0.653 和
0.773。"感知成本""转换成本""感知风险"三个初阶因子在更

高阶因子"风险和成本规避型"的载荷量分别为 0.872、0.633 和 0.552。说明研究型购物行为的内在影响因素确实可以划分为"价值驱动型"和"风险和成本规避型"两个维度。

表 3 - 15 研究型购物行为的内在影响因素的
模型基本适配度检验和参数估计

路径	非标准化估计值	标准误	T 值	P	标准化估计值
V15 ←——感知有用性	1.000				0.765
V6 ←——感知有用性	0.941	0.071	13.329	***	0.837
V10 ←——感知有用性	0.964	0.075	12.777	***	0.802
V7 ←——感知有用性	0.903	0.071	12.709	***	0.798
V18 ←——感知易用性	1.000				0.816
V5 ←——感知易用性	1.102	0.071	15.441	***	0.891
V1 ←——感知易用性	0.979	0.068	14.426	***	0.823
V9 ←——感知娱乐性	1.000				0.843
V12 ←——感知娱乐性	0.962	0.076	12.593	***	0.777
V3 ←——感知娱乐性	1.067	0.087	12.331	***	0.760
V4 ←——感知风险	1.000				0.836
V8 ←——感知风险	1.018	0.065	15.764	***	0.842
V20 ←——感知风险	0.963	0.066	14.581	***	0.797
V11 ←——感知风险	0.976	0.063	15.431	***	0.829
V14 ←——感知风险	0.782	0.071	10.988	***	0.646
V13 ←——感知成本	1.000				0.681
V22 ←——感知成本	1.340	0.118	11.344	***	0.861
V19 ←——感知成本	1.235	0.110	11.178	***	0.833
V25 ←——转换成本	1.000				0.760
V16 ←——转换成本	1.148	0.102	11.294	***	0.815
V2 ←——转换成本	0.929	0.086	10.774	***	0.746
感知易用性←——价值驱动型	1.000			***	0.682
感知娱乐性←——价值驱动型	1.158	0.167	6.932	***	0.773
感知有用性←——价值驱动型	0.899	0.141	6.373	***	0.653
感知成本←——风险和成本规避型	1.000			***	0.872

续表

路径	非标准化估计值	标准误	T 值	P	标准化估计值
感知风险←——风险和成本规避型	0.669	0.114	5.866	***	0.552
转换成本←——风险和成本规避型	0.700	0.117	5.979	***	0.633
评价标准		没有很大的值	达到显著水平	<0.001	介于0.5到1之间
模型适配判断		适配	适配	适配	适配

为了更进一步对模型内在质量进行检验,将各观测变量的因素负荷量、信度系数及其测量误差整理如表 3 - 16 所示,表 3 - 16 第 4 列显示,"价值驱动型"因素构念能够解释"感知有用性""感知易用性""感知娱乐性"的变异量分别为 0.426、0.465 和 0.598,显示了高阶因子"价值驱动型"对"感知娱乐性""感知易用性""感知有用性"三个初因子的解释比较强。同时,从表 3 - 16 第 4 列还可以看出"风险和成本规避型"因素构念能够解释"感知成本""感知风险""转换成本"的变异量分别为 0.760、0.340 和 0.490,显示了高阶因子"成本风险规避型"对"感知风险""感知成本""转换成本"三个初因子的解释可以接受。表 3 - 16 除了"价值驱动型"的 AVE 值(0.496)非常接近 0.5 以外,其余均大于 0.5,表明量表具有良好的收敛效度。表中 CR 值都大于 0.7,表明量表信度良好。

表 3 - 16　研究型购物行为的内在影响因素的模型内在质量检验

观测变量	因子负荷量	测量误差	信度系数	平均变异量抽取值(AVE)	组合信度(CR)
V15	0.765	0.415	0.585	0.642	0.877
V6	0.837	0.274	0.726		
V10	0.802	0.357	0.643		
V7	0.798	0.363	0.637		

续表

观测变量	因子负荷量	测量误差	信度系数	平均变异量抽取值（AVE）	组合信度（CR）
V18	0.816	0.334	0.666		
V5	0.891	0.206	0.794	0.712	0.881
V1	0.823	0.323	0.677		
V9	0.843	0.289	0.711		
V12	0.777	0.396	0.604	0.631	0.837
V3	0.760	0.422	0.578		
V4	0.836	0.301	0.699		
V8	0.842	0.291	0.709		
V20	0.797	0.365	0.635	0.629	0.894
V11	0.829	0.313	0.687		
V14	0.646	0.583	0.417		
V13	0.681	0.536	0.464		
V22	0.861	0.259	0.741	0.633	0.837
V19	0.833	0.306	0.694		
V25	0.760	0.413	0.578		
V16	0.815	0.336	0.664	0.600	0.818
V2	0.746	0.443	0.557		
感知易用性	0.682	0.535	0.465		
感知娱乐性	0.773	0.402	0.598	0.496	0.746
感知有用性	0.653	0.574	0.426		
感知成本	0.872	0.240	0.760		
感知风险	0.552	0.660	0.340	0.518	0.757
转换成本	0.700	0.510	0.490		
评价标准	>0.5		>0.5	>0.5	>0.6
模型适配判断	适配		基本适配	适配	适配

第四节　实证结论与讨论

本书采用访谈法收集了描述研究型购物行为的内在影响因素的原始陈述题项，通过内容分析法对原始陈述题进行了归纳、整理和提炼，确定了研究型购物行为的内在影响因素的初始维度及其测量指标。采用相关软件对初始测量量表进行信度和效度检验，最终确定了研究型购物行为的内在影响因素的维度及其测量指标。研究得出的具体结论如下。

（1）研究型购物行为的内在影响因素根据不同渠道迁徙方向的主导性动机差异可以划分为价值驱动型以及成本和风险规避型两个维度。研究型购物行为是一种趋利避害的理性购买行为，行为主要目的是想规避原有渠道不足的同时获得迁徙目标渠道的比较优势。尽管如此，研究型购物者渠道迁徙行为的内在影响因素的主导性动机却存在显著差异。研究型购物者离线渠道向在线渠道迁徙的主导性动机是趋利，而在线渠道向离线渠道迁徙的主导性动机则是避害。网络购物对消费者产生了双重影响：一方面由于网络购物是在一个虚拟的购物环境中进行的，消费者无法像在实体店购物那样真实地体验产品，因此消费者更加注重感知购物利益（巴顿等人，2002）。另一方面还是因为网络购物环境的虚拟性，购物者十分在意网络购物的感知风险和感知成本。消费者在进行网络购物时感知财物、心理和功能等方面的成本和风险通常比较强烈（鲍曼和法希德，2003）。由上述分析可知，在线渠道的比较优势即感知有用性、感知易用性和感知娱乐性会驱使研究型购物者离线渠道向在线渠道迁徙。同时，在线渠道的成本和风险因素也会促使研究型购物者在线渠道向离线渠道迁徙。

（2）研究型购物行为的内在影响因素的两个维度并不是相互独立的，而是相互联系的。由图 3-9 可知，价值驱动型以及成本和风险规避型两者之间的相关系数为 -0.71，呈显著负相关。研究型购物者使用成本和风险规避型研究型购物行为往往要损失一部分价值，相比网络购物，在实体渠道购物需要花更多的时间、精力和金钱。同样，研究型购物者采纳价值驱动型研究型购物行为往往需要承担一定的风险和成本。由于网络购物环境的虚拟性，价值驱动型研究型购物行为虽然给研究型购物者带来低价格以及花费更少的时间和精力等比较优势，但也需要研究型购物者承担一定的风险和成本。同时，对在线渠道价值的追求会驱使研究型购物者离线渠道向在线渠道迁徙，但在在线信息搜寻体验并不愉快的情境下，在线购买意愿就不会转化成在线购买行为，反而会促使研究型购物者又回归到离线渠道购买。在这种情形下，研究型购物者原本打算使用价值驱动型研究型购物行为，实际采纳的却是风险和成本规避型研究型购物行为。同样，在线感知风险、在线感知成本和转换成本会驱使研究型购物者在线渠道向离线渠道迁徙，但在离线购买体验并不满意的情境下，他们仍然会回归到在线渠道购买。在这种情形下，研究型购物者原本打算使用风险和成本规避型研究型购物行为，但最终采纳却是价值驱动型研究型购物行为。

（3）产品类别显著影响研究型购物行为。在价格高、体验特征明显和不熟悉的产品中容易发生研究型购物行为，而在价格低和标准化程度高和熟知的产品中则不容易发生研究型购物行为。贝蒂和史密斯（1987）的研究认为，商品的价格越昂贵，消费者的信息搜寻行为就越复杂，搜寻次数也会更多。乌班尼等（1991）的研究也指出，对于日用品，消费者主要关注购买的便捷性，而并不十分在意产品价格，因而信息搜寻行为通常比较简单。艾弗里（1996）的研究显示，相对耐用品而言，消费者对日用品的价格敏感程度明显较低，对日用品的购前信息搜寻次数也较少。事实上，对于低价格商品而言，离线渠道和在线渠道的价格总量相差不大，而进行研究型购物行为需要花费一定的时间和精力等成本，因此，研究型购物者不愿意也没有必要进行研究型购物。对于标准化程度高的产品而言，由于购买风险较小，研究型购物者可以使用"浏览即购买"行为。对于熟知的产品而言，由于研究型购物者对产品性能和价格等因素都比较熟悉，容易发生习惯性购买。而对于对价格比较高、体验特征明显和不熟悉的产品，研究型购物者可以通过增加信息搜寻来获取额外利益或者规避购买风险。因此，研究型购物行为在这些产品中比较常见。

（4）在线渠道和离线渠道之间的价格差异是引发研究型购物行为的一个很重要因素。在线渠道的快速发展对企业和消费者都产生了极其深远的影响。就企业而言，伏尔甘（1999）指出，信息技术使得产品价格变得更加透明，商家往往采用价格竞争的形式期望从激烈的市场竞争中脱颖而出。就消费者而言，消费者会在不同购买决策阶段使用不同渠道，他们往往会在一些零售商进行全方位的产品或服务信息搜寻后选择其他价格更低的零售商购买该产品或服务（卡迪，1982；法布里坎特，1990；Carlton 卡尔顿和希瓦利埃，2001；信，2007）。针对产品的市场价格差异，斯蒂格勒（1961）构建了成本与收益模型研究消费者对产品价格的信息搜寻行为。由上述分析不难得出，正因为在线渠道和离线渠道价格差异的存在，才使得购物者实施研究型购物行为变得有利可图。因此，渠道间的价格差异是引发研究型购物行为的重要因素之一。

（5）经常性研究型购物行为并不多见，而偶发性研究型购物行为则十分普遍。在日常购物生活中，购物者经常购买的产品一般都是一些熟悉、价格不高或者标准化程度较高的产品，这些产品要么购买风险较小，要么不同渠道间价格差异总量较小，购物者缺乏进行研究型购物者行为的动力。尽管在价格高、体验特征明显和不熟悉的产品中容易发生研究型购物行为，但是这些产品在日常购物生活中并不会经常购买。因此，经常性研究型购物行为并不多见，而偶发性研究型购物行为则十分普遍。

（6）性别显著影响研究型购物行为，女性群体比男性群体更容易使用经常性研究型购物行为。相比男性群体而言，女性群体更喜欢逛街和浏览购物网站。因此，她们更有机会使用研究型购物行为。同时，女性群体经常使用且频繁更换体验型产品，如化妆品和衣服等。在这些体验型产品中，研究型购物行为比较容易发生。如在服装行业，女性消费者的"抄码"行为普遍存在。因此，女性群体比男性群体更容易使用研究型购物行为。

（7）研究型购物者离线渠道向在线渠道迁徙的主要内在影响因素是想获得在线渠道的比较优势：低价格、花费更少的时间和精力，而在线渠道向离线渠道迁徙则主要是出于规避风险和成本的考虑。不同渠道具有不同渠道属性，这些渠道属性都会驱使研究型购物者进行渠道迁徙。在线渠道比较优势（如产品价格低和信息搜寻成本低等）会推动研究型购物者离线渠道向在线渠道迁徙。同样，在线渠道的购买风险和成本因素也会驱使研究型购物者向离线渠道迁徙。

（8）转换成本在不同的渠道迁徙方向中所起作用具有显著差异。转换成本显著负向影响研究型购物者在线渠道向离线渠道迁徙，而整个离线渠道向在线渠道迁徙则只需轻点鼠标便可轻松完成，迁徙过程中所产生的转换成本很少（鲁耀斌和周涛，2005）。在线渠道向离线渠道迁徙则需要研究型购物者亲自去实体店体验产品或服务，这比网络购物需要花费更多的时间、精力和金钱。

本章小结

本章在现有相关文献的基础上，界定了研究型购物行为概念和内涵。采用内容分析法搜集、整理和提炼出了研究型购物行为的内在影响因素的初始测量量表，采用归类一致性和内容效度比检验了初始量表的信度和效度。通过问卷调研法收集研究型购物行为的内在影响因素的经验数据，采用探索性因素分析和验证性因素分析再次检验初始量表的信度和效度并形成最终测量量表。研究发现，研究型购物行为的内在影响因素按照不同渠道迁徙方向的主导性动机差异可以划分为两个维度：价值驱动型以及风险和成本规避型。价值驱动型研究型购物行为的主导性动机是趋利，即对在线渠道价值的追求，而研究型购物者在线渠道向离线渠道迁徙行为的主导性动机则是避害，即出于规避在线购买风险以及成本因素的考虑。同时，这两类研究型购物行为并不相互独立，而是呈显著负相关。在深刻地了解研究型购物行为的内在影响因素的基础上，多渠道零售商应针对不同类型的研究型购物行为采取相应策略，从而实现渠道锁定、顾客保留或者鼓励研究型购物者在自建的多渠道中迁徙。

第四章

研究型购物者离线向在线
渠道迁徙行为研究

随着互联网技术的快速发展，越来越多的传统零售企业在原有销售渠道的基础上同时使用在线渠道进行商品或服务销售。在移动互联时代，在线渠道更是大行其道，越来越多的消费者通过在线渠道购买产品或服务。崔和马蒂尔（2009）的研究表明，电子渠道较低的价格吸引消费者离线渠道向在线渠道迁徙。① 安萨里（2008）对消费者渠道迁徙模型进行了研究，结果发现其他渠道正向网络渠道迁徙的趋势。在日常购物生活中，研究型购物者在享受实体店营销人员的商品展示和讲解服务后选择在线渠道完成交易，实体店沦为了商品"展厅"（showrooming）。中国网民人数在 2015 年 6 月份达到 6.68 亿人，仅 2015 年上半年就新增网民 1894 万人；互联网使用普及率接近人口总数的一半，达到 48.8%；相比 2014 年年底的互联网使用人数，上升了 0.9%。② 截至 2014 年年底，中国网络零售总额达到 2.79 亿元，同比增长达 49.7%；中国使用网络渠道进行购物的人数为 3.61 亿人，比 2013 年网络购物人数新增 5952 万人，增幅达到 19.7%。③ 在互联网背景下，消费者在实体店收集

---

① Choi S, Mattil A S. Perceived Fairness of Price Differences Across Channels: The Moderating Role of Price Frame and Norm Perceptions [J]. Journal of Marketing Theory and Practice, 2009, 17 (1): 37 - 47.

② CNNIC. 第 36 次中国互联网络发展状况统计报告. www. cnnic. cn/hlwfzyj/hlwxzbg/.

③ CNNIC. 2014 年中国网络购物市场研究报告. www. cnnic. cn/hlwfzyj/hlwxzbg/.

产品信息后在网络渠道购买的跨渠道搭便车的渠道迁徙行为最典型（巴克斯，2001）。伴随互联网经济的快速发展，越来越多的消费者从传统离线渠道开始向电子渠道迁徙（隆德等人，2002）。李和谭（2003）指出，实体渠道比网络渠道的体验特征更明显，它带给购物者更客观和更直接的真实体验。因此，购物者很可能在实体渠道体验产品后选择在网络渠道以较低价格购买该产品。萨洛蒙和科佩尔蒙（1992）指出，在信息搜寻和购买交易两阶段购买决策基础上，消费者有较大可能会把离线渠道当作信息搜寻渠道以及产品体验渠道，而将在线渠道视为购买渠道（周飞，2013）。由上述分析可知，"展厅"（showrooming）渠道迁徙行为在日常购物生活中普遍存在。研究型购物者离线渠道向在线渠道迁徙行为既是一种"展厅"购买行为，也是一种两阶段"跨渠道搭便车"的渠道迁徙行为。在这样的背景下，对研究型购物者离线渠道信息搜寻后在线渠道购买的渠道迁徙行为机制的研究具有现实和理论意义。

第一节　研究理论基础

（一）技术接受模型与沉浸体验理论

过去很多对用户信息系统接受行为的研究是基于 TAM 展开的，TAM 能较好地解释组织情境下消费者被动接受技术的意图和行为。尽管如此，金（2007）研究发现，在新信息技术情境下，经典的 TAM 对消费者主动和自愿的新信息技术接受行为的解释存有不足。TAM 模型主要从技术特性即有用性和易用性来预测和解释消费者信息系统接受行为，却忽视了消费者的情感体验。奇尔德斯（2001）研究指出，在线购物的感知乐趣比信息技术本身的影响更显著。[1]

---

[1] Childers T L, Carr C L, Peck J, Carson S. Hedonic and Utilitarian Motivations for Online Retail Shopping Behavior [J]. Journal of Retailing, 2001, 77 (4): 511-535.

同时，沉浸体验理论也认为，感知娱乐性显著影响网络购物行为。范晓屏（2007）研究指出，人机互动水平会通过沉浸体验的中介作用显著影响网络购买意愿。科岑扎安（2008）研究也认为沉浸体验显著正向影响网络购物态度，消费者在某网站所获取的沉浸体验越好，他们在该网站的购买意愿就越强，反之越弱。本书访谈结果也显示，在研究型购物行为的内在影响因素的测量维度中，在线感知娱乐性是价值驱动型研究型购物行为的重要维度之一。换句话说，研究型购物者在关注在线渠道功能性价值的同时还在乎情感体验。由上述分析不难得出，在经典的技术接受模型中加入"感知娱乐性"变量能更有效地解释和说明研究型购物者离线渠道向在线渠道迁徙行为。

（二）创新扩散理论

影响创新事物扩散的因素主要包括三个方面：创新事物本身特质、个人创新性和他人影响。其中创新事物本身特征主要由五个部分组成：复杂程度、兼容程度、比较优势、可被观察性和可试用程度。复杂程度表示个体操作创新事物的难易程度，兼容性表示创新事物与用户个人因素（如经验和价值取向等）相匹配的程度，比较优势表示创新事物与原有事物相比所具有的相对优势，可被观察性表示创新是否可被直接观察的程度以及结果被扩散的水平，可试用程度表示创新事物能否被试用。由于新信息技术的广泛运用与快速发展，创新扩散理论被广泛运用于对新信息技术系统采纳意愿的研究当中（曹玉枝，2012）。[①] 多渠道零售环境下，在线渠道尤其是移动互联网渠道对于一些购物者来说仍属于创新事物。在线渠道的比较优势和兼容性越明显，操作复杂程度又比较低的情境下，研究型购物者离线渠道向在线渠道迁徙的可能性也会越大，反之则越

---

① 曹玉枝：《多渠道环境中消费者渠道使用转移行为研究》，华中科技大学博士论文，2012 年.

小。因此，创新扩散理论适合解释研究型购物者在线渠道接受和采纳行为，即离线渠道向在线渠道迁徙行为。

（三）感知价值理论

学者们从不同研究视角对感知价值做了大量研究，就感知价值维度划分而言，学者们研究结论有所差异。现有研究对感知价值维度划分方法主要有五分法（谢斯等，1991；科特勒，2001）、三分法（路易斯和琼娜，2005；谢斯等，1991）和二分法（多尔顿和德鲁，1991；哈利法，2004）。目前最常用的划分方法是二分法，从利得和利失两个视角研究感知价值维度。多尔顿和德鲁（1991）指出顾客价值不只包含利得，还包括利失。哈利法（2004）也认为应该从利得和成本两个维度衡量顾客价值。感知价值在研究型购物者的渠道迁徙行为中起非常关键的作用，研究型购物者会根据对成本和收益权衡结果来选择购买渠道。阿西姆（2008）研究指出，消费者感知渠道带来的成本和收益差异是影响消费者渠道转换的主要因素。哈伊和洙（2003）的研究结果也表明，消费者会根据对渠道感知价值的大小选择购买渠道。施（2004）的研究表明，信息系统的易用性显著影响消费者的学习成本，在线购物信息系统的易用性属性表现越突出，消费者付出的学习成本越低。需要说明的是，就信息系统本身而言，感知易用性是一种学习成本，信息系统越容易被使用，消费者付出的学习成本就越少。然而相对离线渠道而言，在线购买比离线购买更加便捷，从这个层面分析，在线渠道的感知易用性可以视为一种利得。由于本书是探讨在线渠道与离线渠道之间的迁徙行为，因此认为易用性是在线渠道的比较优势，将它视为利得。

基于上述分析，本章以技术接受模型、沉浸体验理论、创新扩散理论以及感知价值理论为理论基础，以内在影响因素为研究视角，构建了研究型购物者离线渠道信息搜寻后在线渠道购买的"展厅"渠道迁徙行为机制并进行实证研究。同时，本书将购物环境划分为离线环境和在线环境，将购物决策过程划分为信息搜寻和购买交易两个阶段，假设离线环境下研究型者对在线渠道价值的追求会促使研究型购物者离线渠道向在线渠道迁徙。

第二节　研究模型与假设

"感知易用性"是指用户主观认为信息系统或科技产品越容易学习，对它们的接受态度就越积极。施（2004）指出信息系统的学习成本越低，越容易使用，表明网站的易用属性表现就越突出。感知易用性反映了消费者感知信息系统操作的难易程度，显著影响消费者对信息系统的认同、满意度、忠诚度及使用意愿（阿尔达等人，2009）。消费者感知信息系统越容易使用，有关商品和服务的信息搜寻过程也会越顺畅，搜寻满意度就会越高。此外，感知易用性显著正向影响感知有用性（吴和王，2005），感知易用性对感知有用性和消费者信息技术采纳意愿都具有显著正向影响（Davis，1989）。王和王（2010）对酒店业使用移动预订系统进行了实证研究，结果表明，信息质量、系统质量和技术努力都显著正向影响消费者感知价值和移动酒店预订系统使用意愿。据以上分析，电子商务网站越容易被使用，消费者就更容易收集商品和服务相关信息，对信息系统的感知有用性会越强，信息搜寻满意度会越高，在线购买意愿也会越强。由此，可以提出以下假设。

H1：感知易用性对感知有用性具有显著的正向影响。

H2：感知易用性对信息搜寻满意具有显著的正向影响。

H3：感知易用性对在线购买意愿具有显著的正向影响。

"感知有用性"是指消费者主观上越认可信息系统和技术产品，就越容易接受它们。相比传统离线渠道，在在线购买环境中，有用性的重要表现之一是进行商品和服务信息搜寻以及购买交易的便捷性（陆和苏，2009）。维贾雅萨拉蒂（2004）研究也表明，在在线购买环境中，有用性表现在消费者快速地获取产品或服务信息并顺利地完成购买。由以上分析可见，随时随地快速搜寻并找到所需产品信息是消费者感知在线渠道有用性的重要体现，感知有用性显著影响信息搜寻满意。崔和马蒂尔（2009）的研究表明，电子渠道较低的价格吸引消费者离线向在线渠道迁徙。CNNIC 发布的《2014年中国网络购物市场研究报告》也显示，尽管在线购物平台致力于引导在线消费从品质向品牌转化，但产品价格仍是影响消费者购物决策的主要因素之一。① 毫无疑问，较低的产品价格是在线购物有用性的重要体现之一。克莱因（2007）研究指出感知有用性对消费者采纳移动服务意愿具有显著正向影响。吉蒙（2007）人对移动银行的使用进行了实证研究，研究结果表明感知有用性显著正向影响消费者移动银行使用动机。由此，可以提出以下假设。

H4：感知有用性对信息搜寻满意具有显著的正向影响。

H5：感知有用性对在线购买意愿具有显著的正向影响。

Davis（1992）认为感知娱乐性是指在信息系统使用过程中所获取的情感满足程度。钟和谭（2004）在研究用户使用互联网搜索服务时，采用感知娱乐性测量沉浸体验。奇尔德斯（2001）研究指出，在线购物的感知乐趣比信息技术的影响更显著。基尼（1999）对比用户网络购买行为前后体验和期望的差异，结果发现娱乐性情感体验是影响网络购买态度的一个重要维度。消费者对信息系统的感知娱乐性越强，他们在信息搜寻过程中的娱乐感就会越强，满意度也会越高。刘振华（2010）在对中国大陆地区手机支付接受情况的研究中发现，感知娱乐性是影响消费者使用意愿的重要因素之一。奇尔德斯（2001）和库法里（2002）对 TAM 模型进行了扩展，在模型的自变量中增加了在线购买趣味并实证证明了趣味性是影响消费者使用态度的积极因素。科岑扎安（2008）指出沉浸体验显著正向影响对网络购物的态度，消费者在某网站所获取的沉浸体

---

① CNNIC. 2014 年中国网络购物市场研究报告 . www. cnnic. cn/hlwfzyj/hlwxzbg/.

验越好，他们在该网站的购买意愿越强，反之越弱。中国互联网信息中心（CNNIC）《第34次中国互联网络发展状况统计报告》显示，良好的用户体验是手机团购用户增长的三个主要原因之一。[①]据上述分析，可以得出以下假设。

H6：感知娱乐性对信息搜寻满意具有显著的正向影响。

H7：感知娱乐性对在线购买意愿具有显著的正向影响。

在线购买环境中，消费者对产品属性判断的重要依据是产品信息。事实上，在传统离线渠道购买环境中，消费者在缺失某些产品信息时也会依据产品已知属性进行推论（谢斯，1999）。消费者在在线信息搜寻过程中的体验会显著影响他们对未来在线购物结果的预期。帕特沃德罕和拉马普拉萨德（2005）研究了消费者电子渠道信息搜索对购买行为的影响，结果发现消费者信息搜索信念和行为对购买信念与行为存在直接和间接影响。贝蒂和史密斯（1987）研究指出消费者信息搜寻成效显著影响他们的购买决策，并对他们最终做出是否购买的决定起基础性作用。柳京烈和劳伦（2008）研究也发现，消费者网上信息搜寻行为显著影响购买行为。根据以上分析可以发现，消费者信息搜寻满意度越高，在线购买意愿就越强，也越有可能做出购买行为。因此，可以提出以下假设。

H8：信息搜寻满意对在线购买意愿具有显著的正向影响。

H9：信息搜寻满意对在线购买行为具有显著的正向影响。

大部分学者的实证研究结果显示，消费者的购买意向显著影响购买行为（韩小芸和汪纯孝，2003）。基于计划行为理论，帕夫洛和伏吉森（2006）从信息搜索和产品购买两个阶段研究了消费者的电子商务渠道采纳行为，结果表明消费者购买意向显著影响购买行为。[②]消费者的在线购买行为是在线购买意向的行动表达，消费者购

---

① CNNIC. 2014 年第 34 次中国互联网络发展状况统计报告 . www. cnnic. cn/hlwfzyj/hlwxzbg/.

② Pavlou P, Fygenson M. Understanding and Predicting Electronic Commerce Adoption: An Extension of the Theory of Planned Behavior [J]. MIS Quarterly, 2006, 30 (1): 115 – 143.

买意向越强烈，就越有可能采纳在线购买行为。由此，可以提出以下假设。

H10：在线购买意愿对在线购买行为具有显著的正向影响。

基于以上文献回顾和研究假设，本书提出如下研究模型（见图 4-1）。

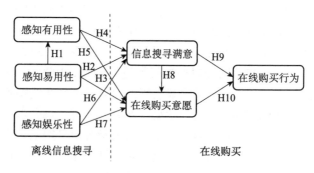

图 4-1　研究模型

第三节　模型变量与数据收集

一、模型变量

依据文献一般原测和步骤对本问卷进行设计（吉尔伯特和丘吉尔，1979）[①]。在价值驱动型测量量表基础上，首先，通过文献研读，提取模型中其他变量的测量指标并形成初始测量量表。其次，在专家的指导下修正量表。最后，对修正后的量表进行前测并根据结果再次修正部分题项。采用李克特 7 级量表对问卷主体部分的问题项进行衡量，受调查者选择 1（非常不同意）到 7（非常同意）

---

① Gilbert A，Churchill J. A Paradigm for Developing Better Measures of Marketing Constructs [J]. Journal of Marketing Research，1979，16（1）：64-73.

对各项问题进行打分。最终形成的测量指标内容及其来源如表4-1所示。

表4-1 测量指标及来源

因子	指标	指标内容	来源
感知 有用性 （PU）	PU1 PU2 PU3 PU4	网上购买花费更少的时间和精力 网上购买不需要讨价还价 网上购买花费更少的金钱 购物网站可提供更多可供选择的商品	本书整理
感知 易用性 （PEOU）	PEOU1 PEOU2 PEOU3	整个网上购买很容易完成 在购物网站上能快速找到所需要的商品 与网上供应商沟通很容易	本书整理
感知 娱乐性 （PE）	PE1 PE2 PE3	网上购买为我的生活增添乐趣 网上购买过程是一个轻松愉快的过程 网上购买过程是一个充满享受的过程	本书整理
信息搜 寻满意 ISS	ISS1 ISS2 ISS3	网上信息搜寻要以节约商品信息搜寻时间 网上信息搜寻可以帮助我买到更便宜的商品 网上信息搜寻可以帮助我买到质量更好的商品	斯里尼瓦桑 （1991）
在线购 买意愿 OSI	OSI1 OSI2 OSI3	我愿意在网上购买商品 我愿意一直在网上购买商品 我愿意推荐其他人也在网上买商品	杰芬 （2003）
在线购 买行为 OPB	OPB1 OPB2 OPB3	我决定在网上购买商品 我会向网上供应商提供我的个人信息 我不但自己在网上购买商品，我还推荐给其他人	帕夫洛 （2004）

二、正式调研设计

正式调研设计的内容和基本操作如下：（1）在正式调研问卷基础上，根据研究内容需要选定被调查对象以及研究所需样本量。（2）通过 QQ 以及微信发放网络问卷以获取研究型购物者渠道迁徙行为经验数据。

（一）调查对象和样本容量

研究型购物者是指在一种渠道信息搜寻后在另一种渠道完成交易的购物者，他们可以在网络渠道和实体渠道间自由穿梭购物。因此，本书调查对象要尽量满足以下要求：（1）调查对象要具有网络购物经验，有能力进行研究型购物。（2）调查对象要对某些产品价格比较敏感，有意愿进行研究型购物。（3）调查对象拥有一定的自由时间，有条件进行研究型购物。基于上述分析，有时间、有网络购物能力并且又对价格比较敏感的人群为本研究最佳调研对象。因此，本书选择以大学生为主体的年轻群体作为本次调查对象。

本书采用结构方程模型（SEM）对样本数据进行分析和验证，结构方程模型对样本容量有一定的要求，样本容量大小会影响结构方程模型输出结果指数值以及分析稳定性。一般情况下，样本容量要在100以上，如果样本容量低于100，SEM相关分析会极不稳定，样本容量超过200算是一个中型样本。如果想采用极大似然法对样本进行估计，那么至少需要一个中型样本（约瑟夫等人，1998）。如果想采取SEM分析和验证样本数据，样本量要达到150以上。戈萨奇（1983）提出样本量与测量指标数的比值至少要在5：1以上的常用标准，比值在10：1以上最好（黄芳铭，2005）。据以上分析，本研究所需样本量要符合以下两个条件：（1）有效样本总量在200个以上。（2）有效样本总量是测量指标数的10倍以上。

（二）调研的方法与步骤

本次调研问卷采用线上发布形式。首先将设计好的网络问卷链接地址发布在专业问卷调查网站上，然后将地址通过QQ和微信的形式发布在好友群和朋友圈，请他们尽量参与此次调研。同时，委托其中一些好友邀请他们的好友也参与此次调查，这样通过滚雪球的形式以便获得更多样本。采用这种方法进行调研可以保证样本以大学生居多并呈年轻化，以大学生为主体的年轻群体有能力、有条件和有意愿进行研究型购物，因此符合本研究对样本选择的要求。

（三）数据收集

本次调查共回收问卷 332 份，剔除无效问卷和缺失值太多的问卷 54 份，共回收有效问卷 278 份，有效率为 83.7%。用于研究的测量指标一共有 19 个，样本量与指标数的比值为 14.6，远大于戈萨奇（1983）所提出的建议值。因此，本研究的样本量满足进行 SEM 分析所需样本量。在有效样本中，男生人数为 109 人，占有效样本总数的 39.2%。女生人数为 169 人，占有效样本总数的 60.8%。偶尔进行研究型购物的人数 238 人，占总有效样本总数的 85.6%。经常进行研究型购物的人数为 40 人，占有效样本总数的 14.4%。年龄在 25 岁以下的人数为 210 人，占有效样本总数的 75.5%。学历层次以本科生居多，人数为 204 人，占有效样本总数的 85.3%。职业以学生为主，人数为 130 人，占有效样本总数的 46.8%。收入 3000 元以下的人数为 150 人，占有效样本总数的 54%。收入在 3000 元到 5000 元以及 6000 元以上的人数分别为 54 人和 74 人，分别占有效样本总数的 19.4% 和 26.6%。

第四节　假设检验与数据分析

参照以往文献，本书分两个步骤对数据进行分析（安德森和格尔滨，1988）。第一步，对测量模型进行 EFA（探索性因子分析）和 CFA（验证性因子分析），考察量表的信度和效度。第二步，分析结构模型，检验模型假设。

一、信度和效度

在进行探索性因子分析（EFA）之前，首先要计算 KMO 值及进行巴特立特球体检验。检验结果显示 KMO 值为 0.855，Bartlett 检验值在 0.001 的水平上显著，表明数据适合进行 EFA。表 4 – 2 样本数据按特征值大于 1 的标准抽取了 6 个因子，解释了 77.274% 的方差。

表 4 – 2 因子负载矩阵

因子	PU	PEOU	OSI	OPB	PE	ISS
PE1	0.156	0.009	0.021	0.070	**0.777**	0.256
PE2	0.217	0.096	0.063	0.093	**0.840**	0.061
PE3	0.011	0.044	0.096	0.132	**0.830**	0.094
ISS1	0.089	0.078	0.175	0.203	0.216	**0.724**
ISS2	0.132	0.243	0.133	0.183	0.112	**0.774**
ISS3	0.140	0.134	0.069	0.049	0.107	**0.833**
OSI1	0.081	0.087	**0.862**	0.109	0.109	0.125
OSI2	0.140	0.100	**0.862**	0.104	0.016	0.167
OSI3	0.085	0.195	**0.825**	0.099	0.062	0.052
PEOU1	0.116	**0.829**	0.149	0.263	0.063	0.151
PEOU2	0.120	**0.877**	0.182	0.194	0.024	0.157
PEOU3	0.092	**0.876**	0.093	0.098	0.054	0.141
PU1	**0.840**	0.032	0.026	0.188	0.121	0.093
PU2	**0.776**	– 0.033	0.100	0.230	0.128	0.042
PU3	**0.851**	0.174	0.125	0.078	0.099	0.158
PU4	**0.757**	0.272	0.136	0.253	0.095	0.147
OPB1	0.197	0.172	0.116	**0.756**	0.178	0.235
OPB2	0.311	0.201	0.131	**0.828**	0.083	0.136
OPB3	0.275	0.255	0.143	**0.807**	0.121	0.114
解释方差	15.790	13.766	12.601	12.230	11.554	11.332
累计方差	15.790	29.557	42.158	54.387	65.942	77.274

采用 Cronbach's alpha 值检验模型变量的信度，当 $\alpha > 0.7$ 时，表示可信度良好。当 $0.5 < \alpha < 0.7$ 时，表示可信度一般。当 $\alpha < 0.5$ 时，表明可信度比较差。α 的计算公式如下所示。

$$\alpha = \frac{n}{n-1}\left[1 - \frac{\sum \sigma_i^2}{\sigma_T^2}\right] \tag{4-1}$$

其中 n 表示变量的测量项个数，σ_i^2 表示第 i 个测量项的方差（i = 1, 2…n），σ_T^2 则表示整个变量的方差。

采用 AVE 值来检验测量项的收敛效度，当 AVE > 0.5 时，表示收敛效度较好。AVE 的计算公式如下所示。

$$AVE = \frac{\sum \mu_i^2}{n} \tag{4-2}$$

其中 μ_i 表示第 i 个测量项的标准负载。

测量项的内部一致性采用 CR 来测量，当 CR > 7 时，表示测量项的内部一致性良好。CR 的计算如下公式所示。

$$CR = \frac{(\sum \mu_i)^2}{(\sum \mu_i)^2 + n(1 - AVE)} \tag{4-3}$$

表 4-3 显示了量表中所有测量指标的标准负载均大于 0.7，除了在线信息搜寻满意的 Cronbach's α 值（0.775）略小于 0.8 以外，其他变量的 Cronbach's α 值均大于 0.8，表明量表的信度良好。同时，所有变量的 CR 值均高于 0.8，表明量表具有良好的信度。各因子的平均抽取方差（Average variance extracted，AVE）值均高于 0.5，表明量表具有较好的收敛效度。

表 4-3　　　　因子标准负载、AVE、CR 及 α 值

因子	指标	标准负载	AVE	CR	α
PU	PU1	0.77	0.642	0.899	0.876
	PU2	0.69			
	PU3	0.88			
	PU4	0.85			
PEOU	PEOU1	0.87	0.759	0.877	0.904
	PEOU2	0.93			
	PEOU3	0.81			
PE	PE1	0.74	0.579	0.855	0.805
	PE2	0.81			
	PE3	0.73			

因子	指标	标准负载	AVE	CR	α
ISS	ISS1	0.70			
	ISS2	0.81	0.536	0.861	0.775
	ISS3	0.68			
OSI	OSI1	0.83			
	OSI2	0.86	0.669	0.824	0.858
	OSI3	0.76			
OPB	OPB1	0.74			
	OPB2	0.92	0.723	0.846	0.886
	OPB3	0.88			

采用验证性因子分析检验研究模型 6 个因子之间的区别效度，并对各种嵌套模型的拟合度进行检测。按照现行通用标准，使用 x^2/df、GFI、IFI、CFI 和 RMSEA 五个拟合优度指标对研究模型进行整体适配度检验。一般情况下，当 $x^2/df < 3$ 时，表明研究模型拟合程度较好。同时，x^2/df 值越小，表明模型拟合越好。当 GFI > 0.9 和 AGFI > 0.9 时，表明模型拟合程度较好。同时，当 GFI 和 AGFI 值越接近 1 时，表明模型拟合越好。当 IFI > 0.9 和 CFI > 0.9 时，表明模型拟合较好。同时，当 IFI 和 CFI 值越接近 1 时，表明模型拟合程度越好。当 RMSEA < 0.08 时，表明模型拟合较好。表 4-4 显示了六因子模型的 X^2/df 为 1.786，小于 2；GFI、CFI 和 IFI 分别为 0.915、0.965 和 0.965，均大于 0.9；RMSEA 为 0.053，小于 0.08，表明了六因子模型对数据拟合程度良好。同时，表 4-4 还显示了六个因子之间的区别效度良好。

采用比较各因子之间的相关系数与各个因子 AVE 平方根的大小检验判别效度。当各因子之间的相关系数小于各个因子 AVE 平方根时，说明判别效度较好。当各因子之间的相关系数大于各个因子 AVE 平方根时，则说明判别效度不理想。检验结果如表 4-5 所示，对角线黑体数字所显示的各个因子 AVE 平方根均大于其相应的相关系数，说明量表具有良好的判别效度。

表 4-4 区别效度的分析结果

模型	因素	X^2	df	X^2/df	GFI	CFI	IFI	RMSEA
1 因子模型	PU + PEOU + PE + ISS + OSI + OPB	1628.90	152	10.716	0.584	0.505	0.508	0.187
2 因子模型	PU + PEOU + PE；ISS + OSI + OPB	1494.47	151	9.897	0.602	0.550	0.553	0.179
3 因子模型	PU + PEOU + PE；ISS + OSI；OPB	1220.59	149	8.192	0.647	0.641	0.641	0.161
4 因子模型	PU + PEOU + PE；ISS；OSI；OPB	985.73	146	6.572	0.698	0.719	0.721	0.144
5 因子模型	PU + PEOU + PE；ISS；OSI；OPB	754.17	142	5.311	0.753	0.795	0.797	0.125
6 因子模型	PU；PEOU；PE；ISS；OSI；OPB	241.92	137	1.786	0.915	0.965	0.965	0.053

注：PU 表示感知有用性；PEOU 表示感知易用性；PE 表示感知娱乐性；ISS 表示信息搜寻满意；OSI 表示在线购买意愿；OPB 表示在线购买行为；+ 表示 2 个因子合并为一个因子。

表4-5　　　　　　　　因子 AVE 值平方根与因子间相关系数矩阵

	PU	PEOU	PE	ISS	OSI	OPB
PU	**0.80**					
PEOU	0.327	**0.87**				
PE	0.326	0.175	**0.76**			
ISS	0.357	0.405	0.373	**0.73**		
OSI	0.288	0.347	0.197	0.336	**0.82**	
OPB	0.552	0.488	0.336	0.444	0.345	**0.85**

注：对角线黑体数字为因子 AVE 值平方根。

模型的拟合指数见表4-6，表4-6显示除了 GFI 值（0.889）和 AGFI 值（0.850）略小于推荐值0.9以外，其他重要的拟合指数值都位于推荐值的范围之内，可见理论模型与实证数据具有较高的拟合度。

表4-6　　　　　　　　模型拟合指数推荐值及实际值

拟合指数	x^2/df	GFI	AGFI	CFI	NFI	IFI	RMSEA
推荐值	<2	>0.90	>0.90	>0.90	>0.90	>0.90	<0.08
实际值	2.365	0.889	0.850	0.935	0.894	0.936	0.070

注：V^2/df 为卡方值与自由度的比率，GFI 为拟合优度指数，AGFI 为调整的拟合优度指数，CFI 为比较拟合指数，NFI 为规范拟合指数，IFI 为增量适度指数，RMSEA 为近似误差的均方根。

二、假设检验

对测量模型进行了验证之后，根据结构方程模型的基本理论验证本研究的结构模型。本研究的结构方程如下所示。

结构方程为：

$$\begin{cases} \eta_1 = \gamma_{11}\xi_1 + \zeta_1 \\ \eta_2 = \beta_{22}\eta_1 + \gamma_{21}\xi_1 + \gamma_{22}\xi_2 + \zeta_2 \\ \eta_3 = \beta_{21}\eta_1 + \beta_{22}\eta_2 + \gamma_{21}\xi_1 + \gamma_{22}\xi_2 + \zeta_2 \\ \eta_4 = \beta_{42}\eta_1 + \beta_{43}\eta_3 + \zeta_4 \end{cases} \qquad (4-4)$$

上述结构方程的矩阵形式：

$$
\begin{bmatrix} \eta_1 \\ \eta_2 \\ \eta_3 \\ \eta_4 \end{bmatrix} = \begin{bmatrix} 0 & 0 & 0 & 0 \\ \beta_{21} & 0 & 0 & 0 \\ \beta_{31} & \beta_{32} & 0 & 0 \\ 0 & \beta_{42} & \beta_{43} & 0 \end{bmatrix} \begin{bmatrix} \eta_1 \\ \eta_2 \\ \eta_3 \\ \eta_4 \end{bmatrix} + \begin{bmatrix} \gamma_{11} & 0 & 0 & 0 \\ \gamma_{21} & \gamma_{22} & 0 & 0 \\ \gamma_{31} & \gamma_{32} & 0 & 0 \\ 0 & 0 & 0 & 0 \end{bmatrix} \begin{bmatrix} \xi_1 \\ \xi_2 \end{bmatrix} + \begin{bmatrix} \zeta_1 \\ \zeta_2 \\ \zeta_3 \\ \zeta_4 \end{bmatrix}
$$

$$(4-5)$$

其中，η 表示内生变量，内生变量是指被影响的变量，即在研究模型中被箭头指向的变量。就本研究而言，η_1 表示感知有用性，η_2 表示信息搜寻满意，η_3 表示在线购买意愿，η_4 表示在线购买行为。ξ 表示外生变量，外生变量是指影响其他变量而不被其他变量影响的变量，即在模型中不被箭头指向的变量。就本研究而言，ξ_1 表示感知易用性，ξ_2 表示感知娱乐性。β 表示两个内生变量之间路径系数，γ 则表示内外生变量之间路径系数。

图 4 - 2 给出了结构方程模型分析结果。由图 4 - 2 可以看出，10 个假设中有 1 个没有通过 T 检验，感知娱乐性对在线购买意愿有正向影响，但影响并不显著。感知易用性与感知有用性、感知有用性与信息搜寻满意、感知易用性与信息搜寻满意、感知娱乐性与信息搜寻满意以及信息搜寻满意与在线购买行为的关系都在 0.001 的水平上显著，感知易用性与在线购买意愿、信息搜寻满意与在线购买意愿以及在线购买意愿与在线购买行为的关系都在 0.01 的水平上显著，感知有用性与在线购买意愿的关系在 0.05 水平上显著。

由图 4 - 2 可知，感知易用性对感知有用性（0.40）、信息搜寻满意（0.37）和在线购买意愿（0.23）影响显著，H1、H2 和 H3 得到支持。感知有用性对信息搜寻满意（0.26）和在线购买意愿（0.15）影响显著，H4 和 H5 得到支持。感知娱乐性对信息搜寻满意（0.31）影响显著，H6 得到支持。感知娱乐性对在线购买意愿（0.04）影响不显著，H7 没有得到支持。信息搜寻满意对在线购买意愿（0.20）影响显著，H8 得到支持。信息搜寻满意对在线购买行为（0.49）影响显著，H9 得到支持。在线购买意愿对在线购买行为（0.19）影响显著，H10 得到支持。感知有用性、信息搜寻满意、在线购买意愿以及在线购买行为被解释的方差分别为 0.16，0.44，0.23，0.36。

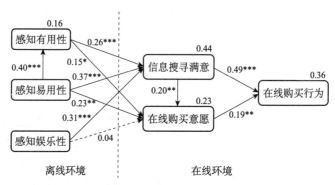

注：***、**、*分别表示 p < 0.001、p < 0.01、p < 0.05，加粗部分的数字为各因子被解释方差。

图 4 - 2　结构方程检验结果

本研究的假设检验具体结果如表 4 - 7 所示。

表 4 - 7　　　　　　　　　假设检验结果

假设	假设内容	支持（是/否）
H1	感知易用性显著正向影响感知有用性	是
H2	感知易用性显著正向影响信息搜寻满意	是
H3	感知易用性显著正向影响在线购买意愿	是
H4	感知有用性显著正向影响信息搜寻满意	是
H5	感知有用性显著正向影响在线购买意愿	是
H6	感知娱乐性显著正向影响信息搜寻满意	是
H7	感知娱乐性显著正向影响在线购买意愿	否
H8	信息搜寻满意显著正向影响在线购买意愿	是
H9	信息搜寻满意显著正向影响在线购买行为	是
H10	在线购买意愿显著正向影响在线购买行为	是

三、中介检验

如果自变量 X 通过影响变量 M 进而影响因变量 Y，那么变量 M 被称作为中介变量。假如模型中所有变量都被去中心化，路径关系如图 4-3 显示，则可以采用右侧方程阐述变量与变量之间的关系。在检验中介效应是否存在时，首先要判定假设 X 与 Y 之间的路径关系是否显著，也就说要检验 X 与 Y 是否显著相关。在 X 与 Y 显著相关的前提下，如果直接效应和间接效应同时存在，变量 M 起部分中介作用。如果间接效应存在，而直接效应不存在，变量 M 起完全中介作用。如果间接效不存在，变量 M 无中介作用。按照上述原理，PU、ISS 与 OSI 的中介作用检验结果如表 4-8 所示。

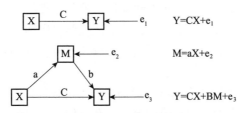

图 4-3 中介变量示意

表 4-8 PU、ISS 与 OSI 的中介作用检验结果

IV	M	DV	IV→DV	IV + M→DV			中介情况
				IV→M	IV→DV	M→DV	
PEOU	PU	ISS	0.47	0.40***	0.37***	0.26***	部分中介
PE	ISS	OSI	0.10	0.31***	0.04	0.20**	完全中介
PEOU	ISS	OSI	0.30	0.37***	0.23**	0.20**	部分中介
PU	ISS	OSI	0.20	0.26***	0.15*	0.20**	部分中介
ISS	OSI	OPB	0.528	0.20**	0.49***	0.19**	部分中介

注：IV 表示自变量，M 表示中介变量，DV 表示因变量；*** 表示 $p < 0.001$，** 表示 $p < 0.01$，* 表示 $p < 0.05$。

在本研究模型中，感知有用性为感知易用性与信息搜寻满意的中介变量，信息搜寻满意为感知有用性与在线购买意愿的中介变量，信息搜寻满意为感知易用性与在线购买意愿的中介变量，信息搜寻满意为感知娱乐性与在线购买意愿的中介变量，在线购买意愿为信息搜寻满意与在线购买行为的中介变量。

第五节　实证结论与讨论

着眼于研究型购物者离线渠道信息搜寻后在线渠道购买的"展厅"渠道迁徙行为，基于技术接受模型、沉浸体验理论、创新扩散理论以及顾客价值理论，以渠道迁徙行为的内在影响因素为研究视角，本书构建了研究型购物者离线渠道向在线渠道迁徙行为理论模型，探讨了离线环境下追求在线渠道价值与迁徙行为之间的作用机制。模型中大部分研究假设通过了实证检验，表明了研究模型对研究型购物者离线渠道向在线渠道迁徙行为具有良好的解释度。具体结论如下。

（1）研究型购物者离线渠道向在线渠道迁徙的主导性动机是研究型购物者对在线渠道价值的追求，在线信息搜寻满意会促使研究型购物者将在线购买意愿转化为在线购买行为。研究型购物者离线渠道向在线渠道迁徙主要是想获得在线渠道的比较优势（感知有用性、感知易用性和感知娱乐性）。同时，由于在线购买是在虚拟的购物环境中进行的，研究型购物者无法通过实际接触产品来感知产品属性，只能根据在线信息搜寻过程中所获取的信息来判断产品和服务价值。因此，在线信息搜寻满意在研究型购物者"展厅"渠道迁徙行为中扮演十分重要的角色。

（2）感知有用性、感知易用性和感知娱乐性通过在线信息搜寻满意和在线购买意愿的中介作用进而显著响在线购买行为。尽管对在线渠道价值的追求会驱使研究型购物者离线渠道向在线渠道迁徙，但是否真正完成整个迁徙行为，还要取决于在线信息搜寻满意度以及在线购买意愿的强烈程度。如果研究型购物者的在线信息搜寻体验不好，他们在线信息搜寻满意度就会比较低，在线购买行为则很可能不会发生。

（3）研究型购物者不仅注重在线购物的功能性价值，还会关注从中获得的情感体验，但功能性价值比情感价值对在线购买行为的影响更显著。表4－8显示了信息搜寻满意度在感知有用性和感知易用性分别与在线购买意愿之间的关系中起部分中介作用，而在感知娱乐性与在线购买意愿之间的关系中起完全中介作用。研究型购物者离线渠道向在线渠道迁徙行为是一种理性的价值主张，他们希望从在线渠道获得比离线渠道更大的效用价值。换句话说，研究型购物者更注重在线渠道给他们带来的实际利益。尽管情感价值也会对研究型购物者离线渠道向在线渠道迁徙行为产生影响，但并不会起决定性作用。

本章小结

在现有文献基础上，以渠道迁徙行为的内在影响因素为研究视角，构建了研究型购物者离线渠道向在线渠道迁徙行为模型。研究结果表明，对在线渠道价值的追求推动研究购物者离线渠道向在线渠道迁徙，在影响研究型购物者离线渠道向在线渠道迁徙行为各因素中，功能性价值比情感性价值影响更显著。感知在线渠道的有用性和易用性对在线购买意愿具有直接和间接双重影响，在线信息搜寻满意度在感知娱乐性与在线购买意愿之间的关系中起完全中介作用。因此，在线零售企业应增强在线渠道的有用性、易用性和娱乐性，并向研究型购物者大力宣传在线渠道的比较优势，尤其要加大对在线渠道功能性价值的宣传，从而促使更多的研究型购物者通过在线渠道购买产品和服务。

第五章

研究型购物者在线向离线
渠道迁徙行为研究

多渠道零售环境下，尽管在线渠道发展迅猛，但在某些产品或行业中在线信息搜寻后离线渠道购买的"反展厅"渠道迁徙行为仍然普遍存在。有调查表明，65%美国网络购物者在线信息搜寻后会选择在离线渠道购买（查塔姆等人，2004）。在多渠道购物发展初期，网络渠道刚刚兴起，消费者在尝试网络购物之时，多半是在网上搜索信息，仍在实体店购买。随着电子商务和网络购物的发展，网络购物已经成为消费者常用的购物方式之一。消费者特别是研究型购物者开始由在线渠道信息搜寻后离线渠道购买转变为现在的离线渠道信息搜寻后在线渠道购买，即在实体店看到合适的商品，享受到售前服务后转而到网络商店购买，这种现象被命名为"渠道搭便车"。有些零售商的多渠道中，离线渠道地位被进一步弱化，成为商品展厅（show - rooming）。目前这种现象又出现逆转，又回归到在线渠道信息搜寻后离线渠道购买的路径，即反展厅"web - rooming"渠道迁徙现象。在美国，69%的用户购物习惯属于"反展厅"渠道迁徙现象，而只有46%的用户购物习惯属于"展厅"渠道迁徙现象。① 凯捷管理顾问公司对16个发展中和成熟市场的16000名在线购物者进行了市场调查，发现如果在购买产品之前利

---

① 毛新勇. 2014 - 02 - 28. 卖场如何利用"反展厅现象"反击电商 [N]. 中华建筑报（008）.

用在线渠道研究产品，65%的受访者就可能在实体店花费更多（卡尔亚南和蔡，2013）。弗雷斯特研究（2005）调查表明，实体店20%的销量会受到互联网的影响，消费者在线信息搜寻后实体店购买的消费水平要比消费者单一实体店购买的消费水平高出70%。BCG的调查数据表明，88%的网络用户喜欢在在线渠道获取产品信息后，选择在实体渠道购买该产品（拉什和林特纳，2001）。渠道类型在消费者购买决策阶段中所起作用具有差异，大约有43%的消费者采用在线信息搜寻后在实体店购买（"双击"公司，2004）。IBM（2009）的调查研究显示，消费者在线渠道信息搜寻后离线渠道购买的比例达55%，远高于18%的离线渠道信息后在线渠道购买的比例（周飞，2013）。尽管"反展厅"渠道迁徙现象普遍存在于电子产品、珠宝、体育用品和家装建材等行业，但目前国内外对它的学术研究还相当缺乏，只是以新闻和报刊的形式对它进行报道。

"反展厅"渠道迁徙行为是指消费者在离线渠道搜集产品信息后转向在线渠道购买而没有给提供了信息服务的零售商带来实际利润的渠道迁徙行为。针对这类"渠道搭便车"行为，学者们提出了如增加促销力度、交叉销售、捆绑销售、渠道锁定和渠道协同管理等对策。这些策略在某种条件下具有一定的效用，但从长远发展来看，解决这个问题的关键还在于从根本上转变观念：由"购物者进入零售商环境"转变为"零售商进入购物者环境"。因此，需要从购物者角度进行深入观察和了解购物者在多渠道零售环境下渠道迁徙行为的内在影响因素和行为机制。研究型购物者的"反展厅"渠道迁徙行为实际上是一种"趋利避害"的购买行为，是出于想获得离线渠道比较优势的同时达到规避在线购买风险的目的。成本因素在在线渠道向离线渠道迁徙过程中扮演十分重要的角色，它关系到研究型购物者是否会最终完成整个迁徙行为。购物者在线渠道向离线渠道迁徙需要付出很高的成本，而离线渠道向在线渠道迁徙则只需轻点鼠标便可完成。本书以内在影响因素为研究视角，实证探究了研究型购物者"反展厅"渠道迁徙行为机制，从而有利于帮助企业深入透彻地了解研究型购物者的渠道"搭便车"行为模式，最终有利于企业针对研究型购物者的渠道迁徙行为制定有效的渠道留存管理方案。

多渠道环境下，研究型购物者的"反展厅"渠道迁徙行为实际是一种"渠道搭便车"行为。卜尔定（2013）将零售渠道变革历程划分为四个阶段：单渠道阶段（1990～1999）、多渠道阶段（2000～2009）、跨渠道阶段（2010～2011）和全渠道阶段（2012～未来）。学者们对"渠道搭便车"方向的关注重心随零售变革阶段的不同而有所变化。在单渠道阶段，由于在线渠道的缺失，学者们只是以单一渠道为视角，从信息搜寻和购买交易两个阶段对消费者的购买行为进行研究。然而在线渠道和离线渠道不仅仅只是购买商品的主要渠道，还是信息搜寻的主要渠道。多渠道阶段和跨渠道阶段，学者们重点研究在线渠道信息搜寻后离线渠道购买的渠道迁徙行为。范霍夫等（2007）将在线信息搜寻后离线购买的渠道迁徙行为称为"research-shopping"，并指出这类渠道迁徙行为是消费者最喜欢的购物方式之一，也有学者将它称之为"渠道搭便车"。① 在全渠道阶段，在线渠道显得更重要，离线渠道地位被弱化。消费者偏爱从在离线渠道收集信息后在在线渠道购买，离线渠道成为商品展厅（show-rooming）。尽管如此，离线渠道提供给顾客的亲身体验、可靠的产品质量、良好的售后服务以及价值观等优势是在线渠道无法比拟的。基乌等（2010）研究指出，即使在线渠道发展迅速，也越来越受到购物者的青睐，离线渠道仍然具有比较优势，对购物者依旧具有吸引力。因此，在线信息搜寻后离线购买的反展厅"web-rooming"渠道迁徙现象依然普遍存在。消费者的渠道

---

① Verhoef P C, Neslin S A, Vroomen B. Multichannel Customer Management：Understanding the Research-shopper Phenomenon［J］. International Journal of Research in Marketing, 2007, 24（2）：129-148.

迁徙大致可以划分为四种类型：离线渠道向在线渠道迁徙、在线渠道向离线渠道迁徙、离线信息搜寻后在线渠道购买和在线信息搜寻后离线渠道购买（涂红伟和周星，2011）。[①] 本书主要观察和研究第四类"渠道搭便车"的渠道迁徙现象，即研究型购物者的"反展厅"渠道迁徙行为。

在移动互联网背景下，在线渠道又有了传统在线渠道与移动在线渠道之分。学术界目前对渠道迁徙行为的主流研究是离线渠道向在线渠道迁徙、离线渠道向传统互联网渠道迁徙、离线渠道向移动互联网渠道迁徙和传统互联网渠道向移动互联网渠道迁徙，而对在线渠道向离线渠道迁徙的相关研究较少。基于上述分析，本书采用查特吉（2010）对研究型购物者的定义，同时参照范霍夫等（2007）的研究，将购物环境划分为离线环境和在线环境，将购买决策过程划分为在线渠道信息搜寻和离线渠道购买两个阶段，就在线感知风险和成本因素研究型购物者"反展厅"渠道迁徙行为机制进行实证研究。

第一节　研究模型与假设

研究型购物者在获得在线渠道的相对优势时，也要承担相应的购买风险。虚拟的在线购物环境以及在线支付等网络渠道特性不仅增加了商品质量的不确定性，还增加了在线购物出现其他不良结果的可能性。在虚拟的在线环境下，研究型购物者无法真实体验商品，所感知的商品和真实的商品很容易出现偏差，因此，在线购物结果具有较大的不确定性。陆敏玲等（2012）的研究显示，感知风险显著影响移动购物意愿。王崇等（2007）的研究也表明，感知风

[①] 涂红伟，周星. 消费者渠道迁徙行为研究评价与展望 [J]. 外国经济与管理，2011, 33（6）：42–49.

险在感知价值与购买意愿之间的关系中起完全中介作用。研究型购物者在线渠道向离线渠道迁徙行为是一种跨渠道购买行为，在线购买风险会驱动研究型购物者在线渠道向离线渠道迁徙。CNNIC 发布的《2014 年中国网络购物市场研究报告》显示，影响消费者网络购物决策最主要的两个因素分别是网络口碑和网络购物平台或者在线商家的信誉。[①] 一般情况下，口碑和信誉都是消费者借以规避网络购物风险最主要的途径。杨水清等（2011）研究指出，感知风险会显著影响移动支付采纳意愿。[②] 在感知价值理论基础上，王崇和刘健（2012）对购物者网络购物行为进行了实证研究，研究结果表明感知风险通过感知价值的中介作用显著影响网络购物意愿。在线环境下，图文与真实商品不一致、退换货比较麻烦、售后服务没有保障、可能造成经济损失和商品质量差等因素都会负向影响在线渠道使用意愿，从而促使研究型购物者采纳离线购买行为。基于上述分析，可以提出假设 1。

H1：在线感知风险显著正向影响离线购买意愿。

在线渠道商品质量参差不齐以及商品价格也所有差异，购物者寻求物美价廉商品的过程被称之为"信息搜寻"。杰普森（2007）指出，购物者搜索成本是指信息搜寻过程中花费的并能感知的时间、精力和费用上的成本。在线环境下，产品质量参差不齐，而研究型购物者常常难辨其真伪。网络口碑是消费者进行网络购物决策最主要的依据，但由于网络水军的大量存在，网络评论也真假真难辨。林家宝等（2009）实证研究显示，信息质量会通过移动证券信任的中介作用显著正向影响移动证券使用意愿。研究型购物者为了辨别商品和评论信息的真伪需要付出大量的信息搜寻成本，也常常会担心买到"次品"而产生不安感，一定程度上承受心理压力。同

---

① CNNIC. 2014 年中国网络购物市场研究报告 . www. cnnic. cn/hlwfzyj/hlwxzbg/.

② 杨水清：《基于消费者视角的渠道扩展与选择行为研究》，华中科技大学博士论文，2012 年.

时，网络渠道无法像在实体店购买那样付款即可提货，需要花费一定时间等待所购产品的到达。如果等待时间超出研究型购物者愿意承受的范围之内，研究型购物者可能会转向实体店购买所需产品或服务。因此，研究型购物者在线感知成本越高，离线购买意向也会越强烈。基于上述分析，可以提出假设 2。

H2：在线感知成本显著正向影响离线购买意愿。

转换成本产生于消费者在两个不同供应商之间的转换过程中，Porter（1992）认为转换成本是消费者转换供应商时所发生的一次性交易成本。考夫曼等（2009）研究发现，在价值最大化的驱使下，消费者会在离线渠道与在线渠道之间不断迁徙，并实证证明了在转换成本较低的情况下，消费者变换购买渠道越频繁。魏斯和安德森（1992）研究指出，转换成本会显著影响消费者对商品和服务提供者的更换；即使买方对卖方不满意，由于存在较高转换成本，买方仍然不会转换到其他供应商。Stan 等（2013）研究显示，转换成本越高，消费者越忠诚，转换意愿越低。佐博曼（2003）的研究显示，多渠道零售环境下，转换成本显著影响消费者信息搜寻渠道和购买渠道之间的迁徙行为，高转换成本有助于抑制"渠道搭便车"行为。基乌等（2011）的研究也显示转换成本负向影响在线信息搜寻后离线渠道购买的"渠道搭便车"行为。[①] 转换成本对消费者渠道选择行为具有显著影响，只有当消费者认为从渠道转换行为中所获取的收益大于所付出的成本时，渠道转换行为才会发生（里尔登和麦科克尔，2002）。通过上述分析不难得出，即使研究型购物者产生了离线购买意愿，即有在线渠道向离线渠道迁徙的意愿，但是否最终进行在线渠道向离线渠道迁徙，研究型购物者还会慎重考虑转换成本（时间、精力和金钱等）。基于上述分析，可以

---

① Chiu H C, Hsieh Y C, Roan J, Tseng K J. The Challenge for Multichannel Service: Cross-channel Free-riding Behavior［J］. Electronic Commerce and Applications, 2011, 10 (2): 268 – 277.

提出假设 3 和假设 4。

H3：转换成本显著负向影响离线渠道购买意愿。

H4：转换成本显著负向影响离线渠道购买行为。

通常情况下，人的实际行动都由意向所引起，离线渠道购买行为是离线渠道购买意向的行动表达。研究型购物者离线渠道购买意向越强烈，就越有可能采纳离线渠道购买行为。因此，研究型购物者离线渠道购买意向显著正向影响离线渠道购买行为。基于上述分析，可以提出假设 5。

H5：离线购买意愿显著正向影响离线购买行为。

在网络购物相关研究中，网络使用经验是指用户掌握互联网知识和网络经验的情况。在本研究中，在线购买经验是指研究型购物者了解互联网、购物网站以及掌握在线购物技能的情况。随着在线购物经验的增长，购物者掌握在线购物信息系统的能力也会增强。在线购物经验尤其是成功经验的增加，会促使购物者对在线购买产生适应感，从而显著减少不确定性风险。宫崎和费尔南德斯（2011）的研究结果显示，在线购物经验显著影响在线感知风险；在线购物经验越充足，消费者对风险感知就越弱。卡斯塔尼达等（2007）实证证明了互联网经验显著调节了信息系统的易用性、有用性与对信息系统的态度之间的关系，结果表明购物者互联网经验越丰富，信息系统就越容易被使用，付出的学习成本就越低，因此对信息系统的态度也越积极。研究型购物者在线购买经验越丰富，就越知晓如何规避在线感知风险和减少在线感知成本，从而离线购买意图和行为就越弱。基于上述分析，可以提出假设 6 和假设 7。

H6：在线购买经验显著负向调节在线感知风险和离线购买意愿的关系。在线购买经验越少，在线感知风险与离线购买意愿之间的关系就越强。反之，在线感知风险与离线购买意愿之间的关系就越弱。

H7：在线购买经验显著负向调节在线感知成本和离线购买意愿的关系。在线购买经验越少，在线感知成本与离线购买意愿之间的关系就越强。反之，在线感知成本与离线购买意愿之间的关系就越弱。

基于以上文献回顾和研究假设，提出如下研究模型（见图 5 - 1）。

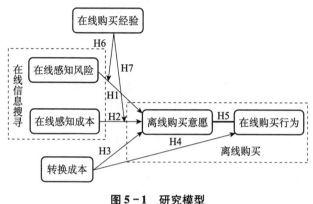

图 5 - 1　研究模型

第二节　模型变量与数据收集

一、模型变量

采用问卷调查法检验模型假设并依据文献一般原则和步骤对问卷进行设计（吉尔伯特和丘吉尔，1979）。[①] 在风险和成本规避型测量量表的基础上，首先，通过文献研究提取测量指标并形成初始测量量表。其次，在专家的指导下修正量表。再次，对修正后的量表进行前测并根据结果再次修正部分题项。最终形成的各指标内容及来源如表 5 - 1 所示。

[①] Gilbert A, Churchill J. A Paradigm for Developing Better Measures of Marketing Constructs [J]. Journal of Marketing Research, 1979, 16 (1): 64 - 73.

表 5 - 1   测量指标及来源

因子	指标	指标内容	来源
在线感知风险（PRI）	PRI1	网上购买容易出现图文与真实商品不一致	本书整理
	PRI2	网上购买售后没有保障	
	PRI3	在网上买到不满意商品退换货比较麻烦	
	PRI4	网上更容易买到不合格商品	
	PRI5	网上购买可能造成经济损失	
在线感知成本（PC）	PC1	需要花费大量的时间和精力来评估网上商品	本书整理
	PC2	网上购买需要花费时间等待商品到来	
	PC3	网上购买容易产生焦虑感	
转换成本（SC）	SC1	实体店购买需要花费更多的金钱	本书整理
	SC2	实体店购买需要花费更多的时间	
	SC3	实体店购买需要花费更多的精力	
离线购买意愿（OPI）	OPI1	愿意在实体店购买商品	格尔维泽（1999）
	OPI2	愿意经常在实体店购买商品	
	OPI3	愿意邀请其他人一起去实体店购买东西	
离线购买行为（OPB）	OPB1	决定在实体店购买商品	帕夫洛和杰芬（2004）
	OPB2	不但自己在实体店购买商品，还邀请别人一起购买	
在线购买经验（OPE）	OPE1	经常访问互联网	霍洛威等人（2005）
	OPE2	经常浏览购物网站	
	OPE3	可以毫无障碍地进行在线购物	

二、数据收集

本章的主要目的是探究研究型购物者离线渠道向在线渠道迁徙行为机制，选择研究型购物者作为调查对象。被调查者要求曾经有过网上搜寻商品信息后在实体店购买的经历，有如此要求是因为他们要根据以往"反展厅"购物经历回答测量题项。问卷开头部分设有筛选题"您是否有过在网上搜寻商品信息后在实体店购买的经历？"，我们保留回答为"偶尔"和"经常"的问卷，剔除回答为

"没有"的问卷，采用这种办法可以保证被用于研究的样本符合本研究对调查对象的要求。问卷采用电子问卷的形式，发布在专业调查网站上。问卷主体部分包括两个部分：人口统计特征和研究模型各变量的测量指标。人口统计特征包括性别、年龄、学历、收入和职业。第二部分包括在线感知成本、在线感知风险、转换成本、在线购买经验、离线购买意愿和离线购买行为各自的测量指标。

此次调查共回收问卷 364 份。其中，有效问卷为 285 份，有效率为 78.3%。在有效样本中，偶尔进行研究型购物的人数为 264 人，占有效样本总数的 92.6%。经常进行研究型购物的人数为 21 人，占有效样本总数的 7.4%。主要样本人口统计变量特征如表 5-2 所示。

表 5-2 **调查问卷样本特征**

性别	男	95	33.3%	收入	1000 元以下	34	11.9%
	女	190	66.7%		1000~2999 元	105	36.8%
年龄	18 岁以下	14	4.9%		3000~5999 元	65	22.8%
	18~24 岁	125	43.9%		6000~7999 元	41	14.4%
	25~30 岁	82	28.8%		8000 元以上	40	14.0%
	31~40 岁	48	16.8%	职业	公司员工	94	33.0%
	40 岁以上	16	5.6%		公务员	17	6.0%
学历	大专以下	13	4.6%		教师	25	8.8%
	大专	32	11.2%		学生	127	44.6%
	本科	94	68.1%		其他	22	7.7%
	硕士及以上	46	16.1%				

第三节 假设检验与数据分析

本书分两个步骤对数据进行分析（安德森和格尔滨，1988）。[1]

---

① Anderson J C，Gerbing D W. Structural Equation Modeling in Practice：A Review and Recommended Two-step Approach [J]. Psychological Bulletin, 1988, 103（3）：411-423.

第一步，对测量模型进行 EFA（探索性因子分析）和 CFA（验证性因子分析），考察量表信度和效度。第二步，分析结构模型，检验模型假设。

一、信度和效度

在进行探索性因子分析（EFA）之前，首先要计算 KMO 值及巴特立特球体检验。检验结果显示，KMO 值为 0.775，Bartlett 检验值在 0.001 的水平上显著，表明数据适合进行 EFA。样本数据按特征值大于 1 的标准抽取了 6 个因子，解释了 73.01% 的方差。具体如表 5 - 3 所示。

表 5 - 3　　　　　　　　　因子负载矩阵

因子	PRI	SC	OPI	PC	OPE	OPB
PRI1	**0.840**	0.038	0.085	0.161	-0.023	0.009
PRI2	**0.910**	-0.049	0.050	0.058	-0.091	0.095
PRI3	**0.772**	0.003	0.105	0.194	0.024	0.086
PRI4	**0.936**	-0.019	0.038	0.045	-0.046	0.052
PRI5	**0.868**	-0.004	0.029	0.063	-0.050	0.005
PC1	0.012	0.064	0.017	**0.844**	-0.012	0.078
PC2	0.178	-0.030	0.036	**0.825**	-0.089	-0.026
PC3	0.258	-0.106	0.173	**0.743**	0.045	0.004
SC1	0.039	**0.911**	-0.028	-0.021	0.081	-0.004
SC2	-0.003	**0.917**	-0.045	0.029	0.059	-0.062
SC3	-0.054	**0.709**	-0.058	-0.062	0.175	-0.213
OPI1	0.079	-0.021	**0.847**	0.090	-0.020	-0.026
OPI2	0.142	-0.056	**0.858**	0.060	-0.017	0.021
OPI3	0.018	-0.049	**0.781**	0.049	-0.071	0.237
OPB1	0.200	-0.164	0.014	0.164	-0.026	**0.836**
OPB2	-0.002	-0.089	0.184	-0.093	-0.014	**0.851**

因子	PRI	SC	OPI	PC	OPE	OPB
OPE1	− 0.091	0.029	− 0.019	− 0.021	**0.777**	0.096
OPE2	− 0.087	0.144	0.048	− 0.050	**0.732**	− 0.208
OPE3	0.041	0.117	− 0.120	0.011	**0.766**	0.028
解释方差	20.766	11.945	11.451	10.921	9.463	8.466
累计方差	20.766	32.712	44.163	55.084	64.547	73.013

采用 Cronbach's alpha 值检验模型变量的信度，当 $\alpha > 0.7$ 时，表示可信度良好。当 $0.5 < \alpha < 0.7$ 时，表示可信度一般。当 $\alpha < 0.5$ 时，表明可信度比较差。α 的计算公式如下所示。

$$\alpha = \frac{n}{n-1}\left[1 - \frac{\sum \sigma_i^{\,2}}{\sigma_T^{\,2}}\right] \tag{5-1}$$

其中 n 表示变量的测量项个数，$\sigma_i^{\,2}$ 表示第 i 个测量项的方差（$i = 1, 2 \cdots n$），$\sigma_T^{\,2}$ 则表示整个变量的方差。

采用 AVE 值检验测量项的收敛效度，当 AVE > 0.5 时，表示收敛效度较好。AVE 的计算公式如下所示。

$$AVE = \frac{\sum \mu_i^{\,2}}{n} \tag{5-2}$$

其中 μ_i 表示第 i 个测量项的标准负载。

测量项的内部一致性采用复合信度（Composite Reliabilities, CR）来测量，当 CR > 7 时，表示测量项的内部一致性良好。CR 的计算公式如下所示。

$$CR = \frac{(\sum \mu_i)^2}{(\sum \mu_i)^2 + n(1 - AVE)} \tag{5-3}$$

表 5 - 4 显示了量表中除了 SC1 的标准负载（0.585）接近 0.6，其余测量指标的标准负载均大于 0.6。表 4 显示了各因子的 Cronbach's α 和 CR 值均高于 0.7，表明量表的信度良好。各因子的 AVE 值均高于 0.5，表明量表具有较好的收敛效度。

表 5 - 4　　　　　　　　因子标准负载、AVE、CR 及 α 值

因子	指标	标准负载	AVE	CR	α
PRI	PRI1	0. 795			
	PRI2	0. 920			
	PRI3	0. 718	0. 718	0. 926	0. 924
	PRI4	0. 950			
	PRI5	0. 832			
PC	PC1	0. 681			
	PC2	0. 758	0. 522	0. 765	0. 764
	PC3	0. 725			
OPI	OPI1	0. 749			
	OPI2	0. 824	0. 572	0. 800	0. 795
	OPI3	0. 691			
SC	SC1	0. 585			
	SC2	0. 934	0. 647	0. 842	0. 829
	SC3	0. 853			
OPB	OPB1	0. 698	—	—	0. 704
	OPB2	0. 782			

　　采用比较各因子之间的相关系数与各个因子 AVE 平方根的大小检验判别效度。当各因子之间的相关系数小于各个因子 AVE 平方根时，表明判别效度较好。当各因子之间的相关系数大于各个因子 AVE 平方根时，则说明判别效度不理想。检验结果如表 5 - 5 所示，对角线黑体数字所显示的各个因子 AVE 平方根均大于其相应的相关系数，说明量表具有良好的判别效度。

表 5 - 5　　　　　　　　主要变量的描述性统计

	PRI	PC	SC	OPI	OPB	OPE
PRI	**0. 847**					
PC	0. 398	**0. 722**				
SC	− 0. 031	− 0. 052	**0. 804**			
OPI	0. 178	0. 178	− 0. 117	**0. 756**		

	PRI	PC	SC	OPI	OPB	OPE
OPB	− 0. 174	0. 094	− 0. 246	0. 219	—	
OPE	− 0. 110	− 0. 068	0. 244	− 0. 098	− 0. 089	—

注：对角线黑体数字为因子 AVE 值平方根；***、**、* 分别表示 p < 0.001、p < 0.01、p < 0.05。

按照现行通用标准，使用 x^2/df、GFI、AGFI、IFI、NFI、CFI 和 RMSEA 七个拟合优度指标对模型进行整体适配度检验。一般情况下，当 $x^2/df < 3$ 时，表明研究模型拟合较好。x^2/df 值越小，说明模型拟合程度越好。当 GFI > 0.9 和 AGFI > 0.9 时，表明模型拟合较好。当 GFI 和 AGFI 值越接近 1 时，表示模型拟合程度越好。当 IFI > 0.9、NFI > 0.9 和 CFI > 0.9 时，表明模型拟合较好。当 IFI、NFI 和 CFI 值越接近 1 时，说明模型拟合程度越好。当 RMSEA < 0.08 时，表明模型拟合较好。

模型的拟合指数如表 5 - 6，表 5 - 6 显示除了 AGFI 值（0.880）略小于 0.9 以外，其他重要的拟合指标值都位于推荐值的范围之内，可见理论模型与实证数据具有较高的拟合度。

表 5 - 6　　　　　模型拟合指数推荐值及实际值

拟合指数	x^2/df	GFI	AGFI	CFI	NFI	IFI	RMSEA
推荐值	< 3	> 0. 90	> 0. 90	> 0. 90	> 0. 90	> 0. 90	< 0. 08
实际值	2. 290	0. 916	0. 880	0. 946	0. 909	0. 947	0. 067

注：V^2/df 为卡方值与自由度的比率，GFI 为拟合优度指数，AGFI 为调整的拟合优度指数，CFI 为比较拟合指数，NFI 为规范拟合指数，IFI 为增量适度指数，RMSEA 为近似误差的均方根。

二、假设检验

对测量模型进行验证之后，根据结构方程模型基本原理验证本研究的结构模型。本研究的结构方程如下所示。

结构方程为：

$$\begin{cases} \eta_1 = \gamma_{11}\xi_1 + \gamma_{12}\xi_1 + \gamma_{13}\xi_3 + \zeta_1 \\ \eta_2 = \beta_{21}\eta_1 + \gamma_{23}\xi_3 + \zeta_2 \end{cases} \quad (5-4)$$

上述结构方程的矩阵形式：

$$\begin{bmatrix} \eta_1 \\ \eta_2 \end{bmatrix} = \begin{bmatrix} 0 & 0 \\ \beta_{21} & 0 \end{bmatrix} \begin{bmatrix} \eta_1 \\ \eta_2 \end{bmatrix} + \begin{bmatrix} \gamma_{11} & \gamma_{12} & \gamma_{13} \\ 0 & 0 & \gamma_{23} \end{bmatrix} \begin{bmatrix} \xi_1 \\ \xi_2 \\ \xi_3 \end{bmatrix} + \begin{bmatrix} \zeta_1 \\ \zeta_2 \end{bmatrix} \quad (5-5)$$

其中，η 表示内生变量，内生变量是指被影响的变量，即在研究模型中被箭头指向的变量。就本研究而言，η_1 表示离线购买意愿，η_2 表示离线购买行为。ξ 表示外生变量，外生变量是指影响其他变量而不被其他变量影响的变量，即在模型中不被箭头指向的变量。就本研究而言，ξ_1 表示在线感知风险，ξ_2 表示在线感知成本，ξ_3 表示转换成本。β 表示两个内生变量之间路径系数，γ 表示内外生变量之间的路径系数。

图 5 - 2 显示了结构方程模型分析结果。由图 5 - 2 可知，在 7 个研究假设中，假设 3 和假设 7 没有通过 T 检验，其他假设均通过 T 检验。在线购买经验在在线感知风险与离线购买意愿之间关系的调节作用、在线感知成本与离线购买意愿之间的相关关系、转换成本与离线购买行为之间的相关关系以及离线购买意愿与离线购买行为之间的相关关系都在 0.01 的水平上显著，在线感知风险与离线购买意愿之间的相关关系在 0.05 的水平上显著。在线感知风险和在线感知成本对离线购买意愿均呈显著正相关（$\beta = 0.14$，$p = 0.049$；$\beta = 0.19$，$p = 0.019$），假设 1 和假设 2 通过检验。转换成本负向影响离线购买意愿，但影响并不显著（$\beta = -0.10$，$p = 0.127$），假设 3 没有通过检验。转换成本对离线购买行为具有显著的负向影响（$\beta = -0.23$，$p = 0.004$），假设 4 通过检验。离线购买意愿显著正向影响离线购买行为（$\beta = 0.25$，$p = 0.003$），假设 5 通过检验。在线购买经验显著负向调节在线感知风险与离线购买意愿关系之间的关系（$\beta = -0.17$，$p = 0.003$），假设 6 通过检验。在线

购买经验对在线感知成本与离线购买意愿之间的关系起负向调节效应，但调节效应并不显著（β = −0.03，p = 0.635），假设 7 没有通过检验。

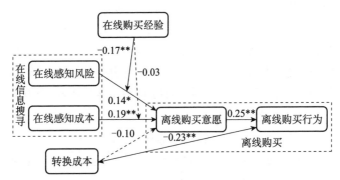

注：**、* 分别表示 p < 0.01、p < 0.05，虚线表示路径关系没有通过假设检验。

图 5-2　结构方程检验结果

三、调节效应检验

本书对在线购买经验在在线感知风险和在线感知成本分别与离线购买意愿之间关系的调节效应进行检验。检验方法如图 5-3 所示，即检验自变量和调节变量交互项的引入能否引起回归方程 R 平方的显著变化（温忠麟，2005）。

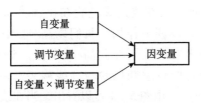

图 5-3　调节作用检测示意

以离线购买意愿为因变量，采用分层回归的方法考察在线购买经验的调节效应。结果如表 5-7 所示，在线购买经验与在线感知风险交互项的引入使得研究模型的 R^2 增加（由模型 2 的 0.005 增至模型 3 的 0.039），表明了交互项的引入更有利于阐释研究型购物者的离线购买意愿。从模型 3 可以看出，在线购买经验与在线感知风险之间的交互作用显著，即在线购买经验对在线感知风险与离线购买意愿之间关系的调节效应显著（$\beta = -0.170$，$p = 0.003$）。同时，从表 5-7 还可以看出，在线购买经验与在线感知成本交互项的引入，并没有使得模型 4 的 R^2 增加。因此，在线购买经验对在线感知成本与离线购买意愿之间关系的调节效应并不显著（$\beta = -0.028$，$p = 0.635$）。

表 5-7　　　　　　　　　在线购买经验的调节效应检验

变量	模型 1	模型 2	模型 3	模型 4
PRI	0.137 *	0.130 *	0.137 *	0.141 *
PC	0.137 *	0.134 *	0.170 **	0.164 *
OPE		−0.074	−0.088	−0.084
PRI * PC			0.098	0.095
PRI * OPE			−0.170 **	−0.169 *
PC * OPE				−0.028
R^2	0.049	0.070	0.091	0.091
ΔR^2	—	0.005	0.039 *	0.001
F	7.246 ***	1.613	6.027 **	0.226

注：***、**、* 分别表示 $p < 0.001$、$p < 0.01$、$p < 0.05$。

　　为了更直观地分析在线购买经验在在线感知风险和离线购买意愿关系之间的具体调节作用，我们以高/低出平均数一个标准差为标准，选择出在线购买经验高/低个体，分别进行简单斜率检验，同时绘制它们在感知风险与离线购买意愿之间的回归线，结果如图 5-4 所示。由图 5-4 可以看出，当在线购买经验处于低位时，在线感知风险对离线购买意愿具有显著的正向影响，而当在线购买经验处于高位时，在线感知风险对离线购买意愿的影响明显减弱。

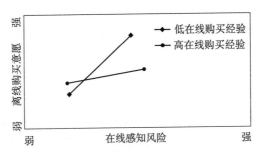

图 5 - 4　离线购买意愿与在线购买经验的交互作用

本研究的假设检验具体结果如表 5 - 8 所示。

表 5 - 8　　　　　　　　　　假设检验结果

假设	假设内容	是否支持
H1	在线感知风险显著正向影响离线购买意愿	是
H2	在线感知成本显著正向影响离线购买意愿	是
H3	转换成本显著负向影响离线购买意愿	否
H4	转换成本显著负向影响离线购买行为	是
H5	离线购买意愿显著正向离线购买行为	是
H6	在线购买经验显著负向调节在线感知风险与离线购买意愿之间的关系	是
H7	在线购买经验显著负向调节在线感知成本与离线购买意愿之间的关系	否

四、中介检验

表 5 - 9 显示了离线购买意愿在转换成本和离线购买行为之间的中介结果。总效应、直接效应的置信区间分别为（CI = ［ - 0.413，- 0.075］，［ - 0.408，- 0.070］）、（CI = ［ - 0.395，- 0.062］，［ - 0.586，- 0.043］），均不包含零，表明了总效应和直接效应存在。同时，间接效应的置信区间为（CI = ［ - 0.087，0.005］，

［－0.077，0.013］），区间包含零，表明间接效应不存在，说明了离线购买意愿并没有在转换成本与离线购买行为之间的关系中起中介作用。

表5-9　　　　　　　　离线购买意愿的中介作用检验

变量关系	Bootstrapping			
	Bias-corrected 95% CI		Percentile 95% CI	
	Lower	upper	lower	upper
SC→OPB（Total Effect）	-0.413	-0.075	-0.408	-0.070
SC→OPB（Indirect Effect）	-0.087	0.005	-0.077	0.013
SC→OPB（Direct Effect）	-0.395	-0.062	-0.586	-0.043

注：SC表示转换成本、OPB表示离线购买行为。

第四节　实证结论与讨论

针对研究型购物者在线渠道信息搜寻后离线渠道购买的"反展厅"渠道迁徙行为，本书将购买环境划分为离线环境和在线环境，将购买决策过程划分为在线信息搜寻和离线购买两个阶段，以渠道迁徙行为的内在影响因素为研究视角，构建了研究型购物者在线渠道向离线渠道迁徙行为理论模型，探讨了在线感知风险和成本因素与离线购买行为之间的作用机制。模型中大部分研究假设通过了实证检验，表明了研究模型对研究型购物者"反展厅"渠道迁徙行为具有良好的解释度。具体结论如下。

（1）研究型购物者仍有较为明显的离线购买意愿，"反展厅"渠道迁徙现象仍普遍存在。问卷开头部分设有筛选题，在364份全部样本中，曾经有过"在线信息搜寻后离线购买"经历的研究型购物者人数为285人，占样本总量的78.3%。在移动互联网时代，购物者可以随时随地在网上搜寻信息，然后选择在实体店购买。多渠道零售环境下，离线渠道仍具有比较优势，"反展厅"渠道迁徙现象仍普遍存在于日常购物生活中。

（2）在线感知风险和在线感知成本通过离线购买意愿的中介作用进而显著影响离线购买行为，转换成本则直接影响离线购买行为。网络购物是在虚拟的购物环境中进行的，购物者无法真实体验在线商品。同时，各级政府对在线购物的监管也较为乏力，在线零售商往往顶着低价销售的压力而做出一些不符合道德的商业行为。因此，研究型购物者的在线感知风险会迫使他们于在线渠道进行信息搜索后选择在离线渠道购买。同时，低信任商业环境和大量网络水军使得各类评论缺乏可信度，研究型购物者在线信息搜寻需要付出大量搜寻成本和承受较大心理压力。因此，研究型购物者在线感知成本会引发他们离线购买意愿。尽管在线感知风险与在线感知成本会驱使研究型购物者在线渠道向离线渠道迁徙，但如果因离线购买而损失的金钱、时间和精力超出了研究型购物者愿意承担的范围，即存在较高的转换成本，研究型购物者仍然不会选择在离线渠道购买。

（3）在线购买经验显著负向调节了在线感知风险与离线购买意愿之间的关系。研究型购物者在线购买经验越充足，就越知晓如何规避风险。如就评论而言，缺乏在线购买经验的研究型购物者往往只看好评，而在线购买经验充足的研究型购物者往往更多地关注差评或者追评，甚至只关注"有图有真相"的评论。因此，研究型购物者在线购买经验越充足，在线感知风险与离线购买意之间的关系就越弱，反之则越强。

（4）在影响离线购买行为的因素中，研究型购物者对成本的感知比对风险的感知更强烈。图5-2显示，在研究模型各显著性路径关系中，在线感知风险对离线购买行为的间接效应为 $-0.035(0.14 \times -0.25)$，而在线感知成本对离线购买行为的间接效应为 $-0.048(0.19 \times -0.25)$，同时转换成本对离线购买行为的直接效应为 -0.23。研究型购物者在线信息搜寻后离线渠道购买的重要原因是出于规避在线购买风险的考虑，但成本因素却起到了关键作用。在线零售商之间的激烈竞争、在线商品价格比较透明以及在线渠道信息搭便车成本低等因素促使在线零售商竞相以低价吸引新顾客和以信誉挽留老顾客。同时，在移动互联背景下，出于渠道战略布局的需要，各大零售商偏爱在线购物平台并推出大量推广活动，在线购物平台的比较优势日益突出。由上述分析可知，在线购买风险比以前下降了，成本因素在在线渠道向离线渠道迁徙过程中的作用反而有所上升。因此，在"反展厅"渠道迁徙行为中，研究型购物者对成本的感知比对风险的感知更强烈。

本章小结

在现有文献基础上，以渠道迁徙行为的内在影响因素为研究视角，本书构建了研究型购物者在线渠道向离线渠道迁徙行为理论模型。研究结果表明，对在线购买风险和成本的感知驱使研究型购物者在线渠道向离线渠道迁徙。在线感知风险和在线感知成本通过影响离线购买意愿的中介作用进而显著影响离线购买行为，转换成本则直接显著负向影响离线购买行为。在影响离线购买行为的因素中，成本因素比风险因素影响更显著。同时，在线购买经验显著负向调节了在线感知风险与离线购买意愿之间的关系。在线零售商在充分了解研究型购物者"反展厅"渠道迁徙行为机制的基础上，应积极采取应对策略尽量减少研究型购物者的在线购买成本和在线购买风险，从而实现渠道保留和渠道锁定。相反，实体零售应充分发挥离线渠道的比较优势，从而吸引研究型购物者在线渠道向离线渠道迁徙。

第六章

研究总结和展望

本章对整个研究做一个全面的总结，概括出本研究最主要的研究结论。同时，点明了研究的不足之处以及对后续相关研究提出建议。

第一节 研究内容总结

本书以研究型购物者为研究对象，对这类新型购物群体的渠道迁徙行为进行了全面和系统的实证研究，构建了科学合理的概念模型进而阐释了研究型购物者渠道迁徙行为机制。本书主体研究由三个实证研究组成，它们分别是研究型购物行为的内在影响因素的维度与测量，研究型购物者离线渠道向在线渠道迁徙行为研究和在线渠道向离线渠道迁徙行为研究。具体研究内容和研究结论如下所述。

1. 研究型购物行为的内在影响因素的维度与测量

首先，通过半结构化访谈收集了描述研究型购物行为的内在影响因素的原始陈述题项并建立相应题库。其次，采用内容分析法对原始陈述题项进行归纳和整理以开发出研究型购物行为的内在影响因素的初始测量量表并检验初始量表信度和效度。最后，采用探索性因素分析（EFA）和验证性因素分析（CFA）修正和检验初始测量量表信度和效度并得到最终测量量表。研究结果显示：研究型购

171

物行为的内在影响因素可以划分为价值驱动型以及风险和成本规避型两个维度。产品类别显著影响研究型购物者渠道迁徙行为，在价格高和体验特征明显和不熟悉的产品中容易发生研究型购物行为，而在价格低、标准化程度高以及熟悉的产品中则不容易发生研究型购物行为。在线渠道和离线渠道之间的价格差异是引发研究型购物行为的重要因素。性别显著影响研究型购物行为，女性群体比男性群体更容易使用经常性研究型购物行为。经常性研究型购物行为较少，而偶发性研究型购物行为则十分普遍。不同渠道迁徙方向的主导性动机存在显著差异，研究型购物者离线渠道向在线渠道迁徙的主导性动机是趋利，即对在线渠道价值的追求，在线渠道向离线渠道迁徙的主导性动机则是避害，即出于规避在线购买风险和成本因素的考虑。转换成本在不同渠道迁徙方向中所起作用具有显著差异，研究型购物者在线渠道向离线渠道迁徙需要付出很高的转换成本，而离线渠道向在线渠道迁徙只需轻点鼠标便可轻松完成。

2. 研究型购物者离线渠道向在线渠道迁徙行为研究

以研究型购物者为研究对象，实证探究了研究型购物者"展厅"渠道迁徙行为机制。在研究模型中，假设对在线渠道价值的追求会驱使研究型购物者离线渠道向在线渠道迁徙。采用问卷调研法收集经验数据，对采集的经验数据进行信度和效度检验后，使用SPSS和AMOS软件检验研究模型。实证结果显示，感知易用性、感知有用性和感知娱乐性会通过在线信息搜寻满意和在线购买意愿的中介作用进而显著影响在线购买行为。信息搜寻满意在感知有用性和感知易用性分别与在线购买意愿之间的关系中起部分中介作用，而在感知娱乐性与在线购物意愿之间的关系中起完全中介作用。研究型购物者在注重在线渠道效用价值的同时并不忽略情感体验，但效用价值比情感体验对"展厅"渠道迁徙行为的影响更显著。

3. 研究型购物者在线渠道向离线渠道迁徙行为研究

以研究型购物者为研究对象，实证探究了研究型购物者"反展厅"渠道迁徙行为机制。在研究模型中，假设在线购买风险和成本因素会驱动研究型购物者在线渠道向离线渠道迁徙，并提出在线购买经验的调节作用。通过问卷调研法收集经验数据，对采集的经验数据进行信度和效度检验后，采用 SPSS 和 AMOS 软件检验研究模型。研究结果表明，研究型购物者仍有较为明显的离线购买意愿，"反展厅"渠道迁徙现象仍普遍存在。在线感知风险和在线感知成本通过离线购买意愿的中介作用进而显著影响离线购买行为，转换成本则直接显著负向影响离线购买行为。在线购买经验显著负向调节了在线感知风险与离线购买意愿之间的关系，而对在线感知成本与离线购买意愿之间关系的负向调节效应却并不显著。在在线渠道向离线渠道迁徙过程中，研究型购物者对成本的感知比对风险的感知更强烈。

第二节　管理借鉴

多渠道零售环境下，消费环境呈现出一些新特征：（1）可供消费者选择的渠道日益丰富。（2）不同渠道的渠道属性有明显的差异，它们在消费者购买决策阶段中的作用也显著不同。（3）零售商所提供的购前信息服务的"公共品"属性越来越明显。（4）信息技术的快速发展在很大程度上提升了消费者获取商品或服务的能力，信息搜寻成本正逐步下降。由此，在日常购物生活中，消费者跨渠道购买的渠道迁徙行为难以避免。本书针对研究型购物者"展厅"和"反展厅"渠道迁徙行为，探究了他们跨渠道搭便车行为机制，以期帮助零售商深刻了解研究型购物者渠道迁徙行为，提高企业敏捷性和灵活性，进而改变企业营销商品、经营店铺以及管理供应链的方法。根据研究结论，针对研究型购物者渠道迁徙问题，本书的应对策略大致可以归纳为两个方面："防"和"疏"，其中"防"是指防止研究型购物者迁徙到其他类型渠道的其他零售商购买所需产品和服务，从而实现渠道锁定和渠道保留；"疏"则是指引导研究型购物者在零售商自建的多渠道中迁徙，从而实现跨渠道顾客保留。具体建议如下。

1. 针对不同类型的研究型购物行为采取相应策略

对于离线渠道向在线渠道迁徙的价值驱动型研究型购物行为而言，电子商务企业应主要考虑提供价值，如向研究型购物者宣传通过在线渠道花更少的金钱、时间和精力就可以购买到离线渠道同样的商品。而对于在线渠道向离线渠道迁徙的风险和成本规避型研究型购物行为而言，电子商务企业应着重培育研究型购物者的网络信任，增加购物网站的易用性，从而降低这类购物者对购买风险的顾虑以及他们进行信息时所付出的搜寻成本。

2. 针对不同的产品类型，采取相应的营销策略

研究型购物者在价格高、体验特征明显或不熟悉的产品中容易使用研究型购物行为。因此，在珠宝、建材和家具等行业，零售商应该向研究型购物者详细介绍产品信息，如产品特性、产地和材质等，从而打消研究型购物者转向其他零售商进行信息搜寻或购买的念头。同时，零售商应着力为研究型购物者营造良好的购物氛围和提供完善的售后服务，从而提升他们对购物体验的满意度和打消他们对不良售后服务的担忧。

3. 针对不同性别群体，采取相应营销策略

女性群体比男性群体更容易产生经常性研究型购物行为，购买行为也更加复杂多变。因此，零售商尤其是专门从事女性市场的零售商可以采取以下应对策略：（1）相对男性群体而言，女性群体的购物心理活动更复杂。因此，零售商应该在充分和全面了解女性群体购买心理活动基础上，为她们提供全方位、细致和周到的服务。（2）女性群体对购物体验要求比较高，她们注重实用价值的同时也不忽视情感体验。因此，在给女性群体推荐产品时，不但要注重产品的功能价值，还要关注她们的情感变化。（3）女性群体的信息搜寻行为比男性群体更复杂，她们对价格了解更全面且更敏感。因此，零售商可以采用低价促销活动如单品爆款来吸引女性群体购买或者减少渠道迁徙行为。

4. 实体零售商应充分发挥离线渠道的比较优势

在充分了解研究型购物者渠道迁徙行为机制的基础上，零售商可以采取以下应对策略。（1）增强研究型购物者的购物体验，充分发挥离线渠道的比较优势。（2）对于较大批量采购行为，可以采取送货上门服务和折扣优惠等策略。（3）积极发展在线渠道，加强渠道间协同管理，使研究型购物者的渠道迁徙行为发生在自建的多渠道当中。如传统零售商应该积极开通在线订购业务，允许购物者线上下单后在线下提货。（4）认真研究在线渠道同类产品的价格，为研究型购物者提供一个有竞争力的产品价格，有效减少与在线渠道的价格差异，进而实现顾客保留。（5）将在线零售研究结果整合到线下促销活动当中，如将在线渠道最受关注的商品在离线渠道进行促销。（6）对于已开通在线渠道的实体零售商，可以提供免费 Wi-Fi，鼓励研究型购物者使用零售商自己的移动网站和客户端。

5. 着眼渠道锁定，实现顾客保留，在线零售商可以采取以下应对策略

（1）注重网站和操作页面设计，加强商品信息分类和购物导航功能。（2）治理水军言论，营造真实的产品和服务评论环境。（3）实行会员制，向会员提供折扣优惠。（4）建立在线社区，加强与顾客的情感维系，增强顾客的情感依赖。（5）使用新技术（如在线试衣间等）弥补在线产品体验不足问题。（6）加强在线购物的娱乐性。电子商务企业一方面可使信息系统界面富有美感来增加界面的友好性，另一方面加强与研究型购物者的互动和及时回应研究型购物者的需求以及解决他们的问题，从而为他们在购买过程中营销一种轻松愉快的体验感。（7）加强宣传在线购买利益。泽斯曼（1988）的研究指出，感知利益对消费者的购买决策具有直接的影响，当消费者的感知利益越大时，其购买意愿就越强烈。否则，其购买意愿就越弱。本书实证研究结果也显示，功能性价值是影响研究型购物者离线渠道向在线渠道迁徙最主要的因素。因此，电子商务企业应加强在线渠道比较优势的宣传，如利用两种渠道的价格比对来宣传在线渠道比实体渠道具有更低廉的价格，在线下单不但可以免运费和安装费用，甚至还可以享受折扣等。（8）加强与研究型购物者的关系管理。加强与消费者的关系管理可以显著提高顾客忠诚度（范·巴尔和达奇，2005）。研究型购物者进行渠道迁徙一个很重要的原因是对原有渠道不满意，如在线感知风险和在线感知成本会驱使研究型购物者在线渠道向离线渠道迁徙。因此，在线零售商应积极采取有效措施建立和维护与研究型购物者的关系。

6. 积极培育研究型购物者的网络信任

引发在线感知风险和在线感知成本的原因归根结底是信任问题，只有在不信任的情境下才会产生强烈的感知成本和感知风险。在线零售商可以采取以下策略来培育研究型购物者的网络信任，增加渠道锁定效应，进而减少"跨渠道搭便车"的渠道迁徙现象。（1）充分重视网站安全性和自身信誉建设。（2）产品宣传要符合实际并提供担保、保证退款、自由退还有缺陷产品以及完善售后服务。（3）建立通畅的沟通渠道，提升沟通水平和响应能力，及时和快速地了解研究型购物者的需要，解决他们的疑惑和问题。（4）针对水军言论，可以采取限制同一个 IP 地址可注册的用户名数量，广泛推行实名注册和号召用户共同参与对水军的监督和及时举报疑似水军言论的帖子。

第三节 研究局限和展望

多渠道环境下的研究型购物者渠道迁徙行为问题是一个心理学、消费者行为学与信息学等多个学科交叉问题，同时也是一个在现实购物生活中普遍存在的问题。然而在学术界尤其是国内学者对这类渠道搭便车行为研究较少且不够深入。虽然本文对该研究课题做了系统和全面研究，但受本人研究能力和研究条件制约，仍存一些研究局限和未来需要进一步研究的方向，具体主要表现在以下几个方面。

1. 访谈样本较为单一

本科生对价格比较敏感，又有充足的闲暇时间和精力进行研究型购物，他们有进行研究型购物的意愿和时间。同时，本科生在线购买经验比较丰富，他们有能力进行研究型购物。因此，本科生群体是比较理想的研究样本。同时出于研究成本和研究便捷性考虑，本文最终选择本科生作为访谈对象。也正是因为如此，本文访谈样本较为单一，存在同质化比较明显的缺陷。后续研究如果能增加访谈样本的多样性，研究结论将更具说服力和推广价值。

2. 没有对传统互联网渠道和移动互联网渠道进行区别研究

本书笼统地将传统互联网渠道与移动互联网渠道归结为在线渠道，有文献也采取类似的渠道划分方法，如涂红伟等（2011）、涂红伟和周星（2011）以及范霍夫等（2007）的研究等。尽管如此，一些研究则显示传统互联网渠道与移动互联网渠道存在差异，并将它们视为两种不同类型渠道分别加以研究（杨水清，2012；曹玉枝，2012）。因此，后续研究可以对它们进行区别研究，如研究型购物者离线渠道向在线渠道迁徙、离线渠道向传统互联网渠道迁徙、离线渠道向移动互联网渠道迁徙和传统互联网渠道向移动互联网渠道迁徙。

3. 没有考虑跨文化情境下研究型购物者渠道迁徙行为差异

研究型购物者在不同国别文化背景下的渠道迁徙行为可能存在差异，因而研究不同国别文化情境下的研究型购物行为有利于为跨国零售商的跨国经营提供有价值的参考依据。事实上，在美国，由于购物生活习惯以及在线渠道发展较早和比较成熟，69%的用户购物习惯属于"反展厅"渠道迁徙现象，而只有46%的用户购物习惯属于"展厅"渠道迁徙现象。① 而在中国，由于在线渠道的快速崛起以及零售商对在线渠道的战略布局，相对离线渠道而言，在线渠道的比较优势更明显。因此，"展厅"渠道迁徙现象比"反展厅"渠道迁徙现象更普遍。

---

① 毛新勇. 2014 – 02 – 28. 卖场如何利用"反展厅现象"反击电商 [N]. 中华建筑报（008）.

附　录

附录 A　访谈提纲

第一部分
1. 您是否有过在实体店搜寻商品信息后在网上购买或者在网上搜寻商品信息后在实体店购买的经历？偶尔还是经常？（注：如果回答"没有"，则中止整个访谈。）
2. 一般在购买哪些商品时您才会采用上述购物行为？
3. 您觉得这些商品具有什么样的共同特点？

第二部分
1. 您有在实体店搜寻商品信息后在网上购买的经历吗？偶尔还是经常？（注：如果回答没有，则跳到本部分第 4 项）
2. 是什么原因促使您使用这类购物行为？
3. 相比在实体店搜寻商品信息后在实体店购买，您觉得您这类购物行为需要付出额外的成本吗？需要付出哪些额外成本？
4. 您有在网上搜寻商品后在实店购买的经历吗？偶尔还是经常？（注：如果回答没有，则中止整个访谈）
5. 是什么原因促使您产生这类购物行为？
6. 相比在网上搜寻商品信息后在网上购买，您觉得您这类购物行为需要付出额外的成本吗？需要付出哪些额外成本？

附录 B　研究型购物行为的内在影响
因素的维度与测量调查问卷

　　您好！万分感谢您在百忙之中接受我们的调查，您所提供的信息对本次研究很有价值。本次调查是为了探索研究型购物行为的内在影响因素，请您根据实际情况回答提问。您所提供的信息仅仅用于本次学术研究，将被完全保密，敬请放心回答！在此感谢您的鼎力支持！

　　您是否有过在实体店搜寻商品信息后在网上购买或者在网上搜寻商品信息后在实体店购买的经历？（注：如果回答有，继续作答，没有则中止作答。）
　　　　（1）没有　　　　　（2）偶尔　　　　　（3）经常

　　下面列出的实物商品，您在购买哪些商品时会在实体店搜寻商品信息后在网上购买或者在网上搜寻商品信息后在实体店购买。请您在对应的选项上打"√"。（可以多选）

□计算机	□电器
□手机	□数码相机
□服装和鞋	□化妆品
□珠宝	□建材
□首饰	□装修
□家具	□计算机配件
□百货	□图书
□音像制品	□其他

第一部分　基本信息

1. 您的性别？
(1) 男　　(2) 女

2. 您的年龄？
(1) 18 岁以下　　(2) 18～24 岁　　(3) 25～30 岁　　(4) 31～40 岁
(5) 40 岁以上

3. 您的学历？
(1) 大专以下　　(2) 大专　　(3) 本科　　(4) 硕士及以上

4. 您的月收入？
(1) 1000 元以下　　(2) 1000～2999 元　　(3) 3000～5999 元
(4) 6000～7999 元　　(5) 8000 元以上

5. 您的职业？
(1) 公司员工　　(2) 公务员　　(3) 教师　　(4) 学生　　(5) 其他

第二部分　调查项

请仔细阅读表中各项描述，根据您的真实感受在相应选项里打"√"。

序号	题项	非常不同意 1	不同意 2	有点不同意 3	中立 4	有点同意 5	同意 6	非常同意 7
1	网上购买花费更少的时间和精力							
2	网上购买花费更少的金钱							
3	购物网站可提供更多可供选择的商品							
4	网上购买不需要讨价还价							
5	网上购买退换货比较方便							
6	整个网上购买很容易完成							
7	与网上商家沟通很容易							
8	在购物网站上能快速地找到需要的商品							
9	网上购买为我的生活增添乐趣							
10	网上购买过程是一个轻松愉快的过程							
11	网上购买过程是一个充满享受的过程							
12	网上购买容易得到周围人的认可							
13	网上购买容易出现图文与真实商品不一致							
14	网上购买售后没有保障							
15	网上更容易购买到不合格商品							
16	在网上购买到不满意商品退换货比较麻烦							
17	网上购买可能会造成经济损失							
18	网上购买存在泄露隐私问题							
19	网上购买存在支付安全隐患							
20	需要花费大量的时间和精力来评估网上商品							
21	网上购买需要花费时间等待商品到达							
22	网上购买容易产生焦虑感							
23	实体店购买需要花费更多的金钱							
24	实体店购买需要花费更多的时间							
25	实体店购买需要花费更多的精力							

附录 C　研究型购物者离线向在线渠道迁徙行为调查问卷

　　您好！万分感谢您在百忙之中接受我们的调查，您所提供的信息对本次研究很有价值。本次调查是为了对研究型购物者离线渠道向在线渠道迁徙行为进行研究，请您根据实际情况回答提问。您所提供的信息仅仅用于本次学术研究，将被完全保密，敬请放心回答！在此感谢您的鼎力支持！

　　您是否有过在实体店搜寻商品信息后在网上购买的经历？（注：如果回答有，继续作答，没有则中止作答。）
　　（1）没有　　　　　（2）偶尔　　　　（3）经常

第一部分　基本信息

1. 您的性别？
（1）男　　　（2）女

2. 您的年龄？
（1）18 岁以下　　（2）18～24 岁　　（3）25～30 岁　　（4）31～40 岁
（5）40 岁以上

3. 您的学历？
（1）大专以下　　（2）大专　　（3）本科　　（4）硕士及以上

4. 您的月收入？
（1）1000 元以下　　（2）1000～2999 元　　（3）3000～5999 元
（4）6000～7999 元　　（5）8000 元以上

5. 您的职业？
（1）公司员工　　（2）公务员　　（3）教师　　（4）学生　　（5）其他

第二部分　调查项

请仔细阅读表中各项描述，根据您的真实感受在相应选项里打"√"。

序号	题项	非常不同意1	不同意2	有点不同意3	中立4	有点同意5	同意6	非常同意7
1	网上购买花费更少的时间和精力							
2	网上购买不需要讨价还价							
3	网上购买花费更少的金钱							
4	购物网站可提供更多可供选择的商品							
5	整个网上购买很容易完成							
6	在购物网站上能快速地找到所需要的商品							
7	与网上供应商沟通很容易							
8	网上购买为我的生活增添乐趣							
9	网上购买过程是一个轻松愉快的过程							
10	网上购买过程是一个充满享受的过程							
11	网上信息搜寻要以节约商品信息搜寻时间							
12	网上信息搜寻可以帮助我买到更便宜的商品							
13	网上信息搜寻可以帮助我买到质量更好的商品							
14	愿意在网上购买商品							
15	愿意一直在网上购买商品							
16	愿意推荐其他人也在网上买商品							
17	决定在网上购买商品							
18	会向网上供应商提供自己的个人信息							
19	不但自己在网上购买商品，还会推荐给其他人							

附录 D　研究型购物者在线向离线渠道迁徙行为调查问卷

您好！万分感谢您在百忙之中接受我们的调查，您所提供的信息对本次研究很有价值。本次调查是为了对研究型购物者在线渠道向离线渠道迁徙行为进行研究，请您根据实际情况回答提问。您所提供的信息仅仅用于本次学术研究，将被完全保密，敬请放心回答！在此感谢您的鼎力支持！

您是否有过在网上搜寻商品信息后在实体店购买的经历？（注：如果回答有，继续作答，没有则中止作答。）

　　（1）没有　　　　　（2）偶尔　　　　　（3）经常

第一部分　基本信息

1. 您的性别？
（1）男　　　（2）女
2. 您的年龄？
（1）18 岁以下　　（2）18~24 岁　　（3）25~30 岁　　（4）31~40 岁
（5）40 岁以上
3. 您的学历？
（1）大专以下　　（2）大专　　（3）本科　　（4）硕士及以上
4. 您的月收入？
（1）1000 元以下　　（2）1000~2999 元　　（3）3000~5999 元
（4）6000~7999 元　　（5）8000 元以上
5. 您的职业？
（1）公司员工　　（2）公务员　　（3）教师　　（4）学生　　（5）其他

第二部分　调查项

请仔细阅读表中各项描述，根据您的真实感受在相应选项里打"√"。

序号	题项	非常不同意 1	不同意 2	有点不同意 3	中立 4	有点同意 5	同意 6	非常同意 7
1	网上购买容易出现图文与真实商品不一致							
2	网上购买售后没有保障							
3	在网上买到不满意商品退换货比较麻烦							
4	网上更容易买到不合格商品							
5	网上购买可能造成经济损失							
6	需要花费大量的时间和精力来评估网上商品							
7	网上购买需要花费时间等待商品到来							
8	网上购买容易产生焦虑感							
9	实体店购买需要花费更多的金钱							
10	实体店购买需要花费更多的时间							
11	实体店购买需要花费更多的精力							
12	愿意在实体店购买商品							
13	愿意经常在实体店购买商品							
14	愿意邀请其他人一起去实体店购买东西							
15	决定在实体店购买商品							
16	不但自己在实体店购买商品，还邀请其他人一起购买							
17	经常访问互联网							
18	经常浏览购物网站							
19	可以毫无障碍地进行在线购物							

参考文献

[1] 艾兴政,马建华,陈忠等.服务搭便车的电子渠道与传统渠道协调机制 [J].系统工程学报.2011,26(4):507-514。

[2] 埃弗雷特·M·罗杰斯.创新的扩散 [M].北京:中央编译出版社,2002。

[3] 蔡淑琴,付红桥,李蔚.信息技术投资、信息搜索成本与市场均衡分析 [J].华中科技大学学报(自然科学版),2004,32(4):35-37。

[4] 曹磊,张子刚.消费者感知搜索成本降低的影响因素及其结果的实证研究 [J].工业工程与管理,2011,16(3):92-105。

[5] 曹磊:《双源渠道环境下消费者基于信息的搭便车问题研究》,华中科技大学博士论文,2011。

[6] 曹玉枝,鲁耀斌,杨水清.影响用户从网下到网上转移使用意愿因素的研究 [J].管理学报,2013,10(3):404-412。

[7] 曹玉枝:《多渠道环境中消费者渠道使用转移行为研究》,华中科技大学博士论文,2012年。

[8] 巢乃鹏.网络受众心理行为研究:一种信息查寻的研究范式 [M].北京:新华出版社,2002。

[9] 查金祥:《B2C电子商务顾客价值与顾客忠诚的关系研究》,浙江大学博士生论文,2006年。

[10] 崔敬东.银行服务渠道多元化环境下的客户行为研究 [J].国际金融研究,2005(8):69-73。

[11] 崔东红,韩晓舟.搜寻成本与信誉租金对厂商定价的影响 [J].商业研究,2002,8(4):28-30。

[12] 董大海，李广辉，杨毅．消费者网上购物感知风险构念研究
　　　[J]．管理学报，2005，2（1）：55-60。

[13] 杜生鸣，鲁耀斌．价格离散、信息搜寻与团购行为[J]．经
　　　济经纬，2006（3）：146-148。

[14] 方海．消费者的网络信息搜寻行为分析[J]．科技创业月刊，
　　　2008（4）：112-113。

[15] 范晓屏：《基于虚拟社区的网络互动对网络购买行为的影响
　　　研究》，浙江大学博士论文，2007年。

[16] 干广昊，计春阳．个体消费者视角的产品创新扩散研究综述
　　　[J]．消费经济，2014，30（2）：90-96。

[17] 韩小芸，汪纯孝．服务性企业消费者满意感与忠诚感关系
　　　[M]．北京：清华大学出版社，2003。

[18] 何大安．行为经济人有限理性的实现程度[J]．中国社会科
　　　学，2004（4）：91-101。

[19] 胡正明，王亚卓．基于中国多渠道情境下消费者购买选择研
　　　究[J]．东岳论丛，2011，4（4）：178-180。

[20] 胡玮玮．从消费者的搜寻成本看Internet的市场效率[J]．财
　　　经论丛，2006，122（2）：19-23。

[21] 蒋侃：《基于理性和体验的B2C多渠道消费行为研究》，华中
　　　科技大学博士论文，2009年。

[22] 李东．传统商务与电子商务比较研究[J]．商业经济文荟，
　　　2003（5）：63-65。

[23] 李用俊．消费的搜索成本和信息甄别[J]．商业研究，2009，
　　　11（4）：40-43。

[24] 李建平．移动商务与电子商务的特征比较分析[J]．现代电
　　　信科技，2007，12（12）：49-51。

[25] 林家宝，鲁耀斌，张金隆．基于TAM的移动证券消费者信任
　　　实证研究[J]．管理科学，2009，22（5）：61-71。

[26] 刘立，孙盼盼，雷晶．消费者离线到在线渠道迁徙驱动因素

实证研究 [J]. 南京邮电大学学报（社会科学版），2014，16
(3)：40 - 47。

[27] 刘振华. 个人用户手机支付采纳意向研究 [D]. 大连：大连
理工大学，2010。

[28] 鲁耀斌，周涛. B2C 环境下影响消费者网上初始信任因素的
实证分析 [J]. 南开管理评论，2005，8 (6)：96 - 101。

[29] 陆敏玲，曹玉枝，鲁耀斌. 基于移动商务特征视角的移动购物
用户采纳行为研究 [J]. 情报杂志，2012，31 (9)：202 - 206。

[30] 罗海成. 服务业顾客忠诚研究 [M]. 天津：南开大学出版
社，2006。

[31] 毛新勇. 2014 - 02 - 28. 卖场如何利用"反展厅现象"反击电
商 [N]. 中华建筑报 (008)。

[32] 彭赓，寇纪淞，李敏强. 信息技术投资降低搜索成本对市场
的均衡分析 [J]. 管理科学学报，2000，3 (4)：37 - 45。

[33] 施圣炜，黄桐城. 中介参与下信息搜寻成本三方对策模型研
究 [J]. 情报杂志，2005，24 (7)：26 - 28。

[34] 涂红伟，贾雷，周星. 消费者渠道迁徙行为的定义及其结构
维度 [J]. 现代管理科学，2011 (10)：99 - 102。

[35] 涂红伟，严鸣. 消费者渠道搭便车行为影响因素的研究：体
验学习视角 [J]. 经济经纬，2014，31 (2)：86 - 91。

[36] 涂红伟，杨爽，周星. 自我效能对渠道转换行为的作用机制
[J]. 消费经济，2013，29 (2)：36 - 40。

[37] 涂红伟，周星. 消费者渠道迁徙行为研究评介与展望 [J].
外国经济与管理，2011，33 (6)：42 - 49。

[38] 喻辉，纪汉霖. 搜索成本理论研究述评 [J]. 当代经济，
2009 (3)：143 - 145。

[39] 王崇，李一军，叶强. 互联网环境下基于消费者感知价值的
购买决策研究 [J]. 预测，2007，26 (3)：21 - 26。

[40] 王崇，刘健. 消费者网络购物渠道决策——基于感知价值 [J].

北京理工大学学报（社会科学版），2012，14（3）：62-68。

[41] 王国顺，杨晨. 实体与网络零售下消费者渠道迁徙行为模型的构建 [J]. 系统工程，2014，32（8）：92-101。

[42] 王全胜，韩顺平，吴陆平. 客户异质性与银行服务渠道选择 [J]. 山西财经大学学报，2010，32（8）：24-30。

[43] 王亚卓. 双渠道顾客消费行为研究 [C]. 山东大学博士论文，2011年。

[44] 吴兆龙，丁晓. 顾客保留的竞争战略选择 [J]. 管理现代化，2004（4）：37-41。

[45] 武永红，范秀成. 基于顾客价值的企业竞争力整合模型探析 [J]. 中国软科学，2004（11）：86-92。

[46] 薛求知，黄佩燕，鲁直等. 行为经济学——理论与应用 [M]. 上海：复旦大学出版社，2003。

[47] 闫玮. 基于跨渠道购买的消费者购买转移行为分析 [J]. 商业时代，2014（3）：14-15。

[48] 杨水清，鲁耀斌，曹玉枝. 基于跨渠道的消费者移动支付采纳研究 [J]. 科研管理，2011，32（10）：79-88。

[49] 杨水清：《基于消费者视角的渠道扩展与选择行为研究》，华中科技大学博士论文，2012年。

[50] 杨晓燕. 中国消费者行为研究综述 [J]. 经济经纬，2003（1）：56-58。

[51] 袁艺，茅宁. 从经济理性到有限理性：经济学研究理性假设的演变 [J]. 经济学家，2007（2）：21-26。

[52] 张圣泉，王汉新，王晓燕. 顾客满意、顾客忠诚与顾客保留之间的关系研究——从关系营销的研究视角出发 [J]. 江苏商，2010（3）：32-34。

[53] 张宇华：《国内电子商务与传统渠道整合及冲突协调研究》，电子科技大学硕士论文，2004年。

[54] 周静，戴昌钧. 电子商务与传统购买在购物决策全过程中的

比较［J］. 企业家天地理论版，2007（6）：228 – 229。

［55］周飞：《顾客互动与渠道协同绩效的关系研究》，华南理工大学博士论文，2013 年。

［56］Ahn T，Ryu S，Han I. The Impact of the Online and Offline Features on the User Acceptance of Internet Shopping Malls［J］. Electronic Commerce Research and Applications，2004，3（4）：405 – 420.

［57］Alba J，Lynch J，Weitz B. Interactive Home Shopping：Consumer，Retailer，and Manufacturer Incentives to Participate in Electronic Marketplaces［J］. Journal of Marketing，1997，61（7）：38 – 53.

［58］Aldas-Manzano J，Ruiz-Mfae C，Sanz-Blas S. Exploring Individual Personality Factors as Driers of M-shopping Acceptance［J］. Industrial Management&Data Systems，2009，109（6）：739 – 757.

［59］Anderson J C，Gerbing D W. Structural Equation Modeling in Practice：A Review and Recommended Two-step Approach［J］. Psychological Bulletin，1988，103（3）：411 – 423.

［60］Ansari A，Mela C F，Neslin S A. Customer Channel Migration［J］. Journal of Marketing Research，2008，45（1）：60 – 76.

［61］Antia K D，Bergen M，Dutta S. Competing with Gray Markets［J］. MIT Sloan Management Rev，2004，46（1）：63 – 69.

［62］Avery R J. Determinants of Seareh for Nondurable Goods：An Empirical Assessment of the Econotnics of Inforination Theory［J］. Journal of Consumer Affairs，1996，30（2）：390 – 419.

［63］Baall S V，Dach C. Free and Customer Retention Across Retailers Channels［J］. Journal of Interactive Marketing，2005，19（2）：75 – 85.

［64］Babin B J R. Darden and Griffin，Work and or Fun：Measuring

Hedonic and Utilitarian Shipping Value [J], Journal of Consumer Research, 1994, 20 (4): 644 –656.

[65] Bailor C. Stocking the Customer Experience [J]. CRM Magazine, 2006, 10 (9): 15 –15.

[66] Bakos J Y. Reducing Buyer Search Costs: Implication for Electronic Marketplaces [J]. Management Seienee, 1997, 43 (12): 1 –27.

[67] Balasubramanian S, Raghunathan R, Mahajan V. Consumers in a Multichannel Environment: Product Utility, Process Utility, and Channel Choice [J]. Journal of Interactive Marketing, 2005, 19 (2): 12 –30.

[68] Bamey J B, Zhang S. Colleetive Goods, Free Riding and Country Brands: The Chinese Experience [J]. Management & Organization Review, 2008, 4 (2): 211 –223.

[69] Beatty S E, Smith S M. External Search Effort: An Investigation across Several Product Categories [J]. Journal of Consumer Research, 1987, 14 (1): 83 –95.

[70] Bela F, Aviv S. Four-mode Channel Interactivity Concept and Channel Preferences [J]. Journal of Services Marketing, 2010, 24 (1): 29 –41.

[71] Belk R W. Situational Variables and Consumer Behavior [J]. Journal of Consumer Research, 1975, 2 (3): 157 –164.

[72] Bell D R, Wang Y, Padmanabhan V. An Explanation For Partial ForwardIntegration: Why Manufacturers Become Marketers [R]. Working Paper, the Wharton School, University of Pennsylvania, 2002.

[73] Bendoly E, Blocher J D, Bretthauer K M, Krishnan S, Venkataramanan M. Online/In-store Integration and Customer Retention [J]. Journal of Service Research, 2005, 7 (4): 313 –327.

[74] Black N J, Lockett A, Ennew C, Winklhofer H, Mckechnie S. Modelling Comsumer Choice of Distribution Channels: An Illustration from Financial Sevics [J]. International Journal of Bank Marketing, 2002, 20 (4): 161 – 173.

[75] Borton R N, Drew J H. A Multistage Model of Customers' Assessment of Service Quality and Value [J]. Journal of Consumer Researeh, 1991, 17 (5): 375 – 384.

[76] Bourdeau L, Chebat J C. Internet Consumer Value of University Students: E-mail-vs-web users [J]. Journal of Retailing and Service, 2002 (9): 61 – 69.

[77] Boyle P J, Halfacree K. Migration and Gender in the Developed World [M]. New York: Routledge Publication, 2002.

[78] Bruck S M. The Effects of Product Class Knowledge on Information Search Behavior [J]. Journal of Consumer Research, 1985, 12 (1): 1 – 16.

[79] Bruner G C, Kumar A. Web Commercials and Advertising Hierarchy-of-Effects [J]. Journal of Advertising Research, 2000, 40 (1/2): 35 – 42.

[80] Brynjolfsson E, Smith M D. Frictionless Commerce? A Comparison of Internet and Conventional Retailers [J]. Management Science, 2000, 46 (4): 563 – 585.

[81] BurdinT. Omni-channel Retailing: The Brick, Click and Mobile Revolution [EB/OL]. [2013 – 01 – 05]. http: //www. cegid. com/retail.

[82] Burke R. Technology and the Customer Interface: What Consumers Want in the Physical and Virtual Store [J]. Journal of the Academy of Marketing Science, 2002, 30 (4): 411 – 432.

[83] Burnham T A, Frels J K, Mahajan V. Consumer Switching Costs: A Typology, Antecedents, and Consequences [J]. Journal of the

Academy of Marketing Science, 2003, 31 (2): 109 – 126.

[84] Bums D J. Consumer Alienation and Attitudes toward Consumer Free Riding [J]. The Joumal of Business Inquiry, http: // www. uvu. edu/woodbury/jbi/articles_ inPress/index. html.

[85] Cady F J. Reasonable Rules and Rules of Reason: Vertical Restrictions on Distributors [J]. Journal of Marketing, 1982, 46 (3): 27 – 37.

[86] CarltonW D, Chevalier J A. Freeriding and Sales Strategies for the Internet [J]. Journalof Industrial Economies, 2001, 49 (4): 441 – 461.

[87] Cao Y, Lu Y, Gupta S. The Effects of Differences between E-commerce and M-commerce on the Consumers' Usage Transfer from Online to Mobile Channel [J]. International Journal of Mobile Communications, 2015, 13 (1): 51 – 70.

[88] Castaneda J A, Munoz-Leiva F, Luque Castaeda J A. Web Acceptance Model (WAM): Moderating Effects of User Experience [J]. Information&Management, 2007, 44 (4): 384 – 396.

[89] Chandon P B, Wansink G, Laurent. A Benefit Congruency Framework of Sales Promotion Effectiveness [J]. Journal of Marketing, 2000, 64 (4): 65 – 81.

[90] Chatham B, Temkin B D, Backer E. Web Site Analytics Go Cross-Channel. Forrester Research Inc. , Cambridge, MA, 2004.

[91] Chatterjee P. Multiple-channel and Cross-channel Shopping Behavior: Role of Consumer Shopping Orientations [J]. Marketing Intelligence and Planning, 2010, 28 (1): 9 – 24.

[92] Chiang W K, Zhang D, Zhou L. Predicting and Explaining Patronage Behavior toward Web and Traditional Stores Using Neural Networks: A Comparative Analysis with Logistic Regression [J]. Decision Support System, 2006, 41 (2): 514 – 531.

[93] Chiang W K, Zhang D. Zhou, L. Predicting and Explaining Pat-ronage Behavior toward Web and Traditional Stores Using Neural Networks: A Comparative Analysis with Logistic Regression [J]. Decision Support Systems, 2006, 41 (2): 514 −531.

[94] Childers T L, Carr C L, Peck J, Carson S. Hedonic and Utilitar-ian Motivations for Online Retail Shopping Behavior [J]. Journal of Retailing, 2001, 77 (4): 511 −535.

[95] Chiu H C, Hsieh Y C, Roan J, Tseng K J. The Challenge for Multichannel Service: Cross-channel Free-riding Behavior [J]. Electronic Commerce and Applications, 2011, 10 (2): 268 − 277.

[96] Choi S, Mattil A S. Perceived Fairness of Price Differences Across Channels: The Moderating Role of Price Frame and Norm Percep-tions [J]. Journal of Marketing Theory and Practice, 2009, 17 (1): 37 −47.

[97] Choudhury V, Karahanna E. The Relative Advantage of Electronic Channels: A Multidimensional View [J]. MIS Quarterly, 2008, 32 (1): 179 −200.

[98] Chu J, Chintagunta P K, Cebollada J. A Comparison of Within-household Price Sensitivity Across Online and Offline Channels [J]. Marketing Science, 2008, 27 (2): 283 −299.

[99] Chung J, Tan F B. Antecedents of Perceived Playfulness: An Ex-ploratory Study on User Acceptance of General Information-search-ing Websites [J]. Information&Management, 2004, 41 (7): 869 −881.

[100] Cockburn C, Wilson T D. Business Use of the World-wide Web [J]. International Journal of Information Management, 1996, 16 (2) 83 −102.

[101] Coughlan A T, Anderson E, Stem L. Marketing Channels [M].

Prentice-Hall: Upper Saddle River, 2001.

[102] Court D, French T D, Mcguire T I, Partington M. Marketing in 3-D [J]. The Mckinsey Quarterly, 1999 (4): 6 – 17.

[103] Csikszentmihalyi M, Lefevre J. Optimal Experience in Work and Leisure [J]. Journal of Personality and Social Psychology, 1989, 56 (5): 815 – 822.

[104] Davis F D, Bagozzi R P, Warshaw P R. Extrinsic and Intrinsic Motivation to Use Computers in the Workplace [J]. Journal of Applied Social Psychology, 1992, 22 (14): 1111 – 1132.

[105] Davis F D, Bagozzi R P, Warshaw P R. User Acceptance of Computer Technology: A Comparison of Theoretical Models [J]. Management Science, 1989, 35 (8), 982 – 1003.

[106] Davis F D. Perceived Usefulness, Perceived Ease of Use, and User Acceptance of Information Technology [J]. MIS Quarterly, 1989, 13 (3): 319 – 340.

[107] Deng Z, lu y, Wei K K, Zinling J. Understanding Customer Satisfaction and Loyalty: An Empirical Study of Mobile Instant Messages in China [J]. International Journal of Information Management, 2010, 30 (4): 289 – 300.

[108] Devlin-Foltz Z, Lim K. Responsibility to Punish: Discouraging Free-ridersin Publie Goods Games [J]. Atlantie Eeonomic Journal, 2008, 36 (12): 505 – 518.

[109] Dholakia R R, Uusitalo O. Switching to Electronic Stores: Consumer Characteristics and the Perception of Shopping Benefits [J]. International Journal of Retail&Distribution Management, 2002, 30 (10): 459 – 469.

[110] Dholakia R R, Zhao M, Dholakia N. Multichannel Retailing: A Case Study of Early Experiences [J]. Journal of Interactive Marketing, 2005, 19 (2): 63 – 74.

[111] Double Click. Holiday 2003 Shopping Study [M]. New York: DoubleClick, 2004.

[112] Duncan C P, Olshavsky R W. External Search: The Role of Consumer Beliefs [J]. Journal of Marketing Research, 1982, 19 (1), 32 – 42.

[113] Eighmey J. Profiling User Responses to Commercial Web Sites [J]. Journal of Advertising Research, 1997 (3): 59 – 66.

[114] Ellis D. ABehavioural Approach to Information Retrieval System Design [J]. Journal of Documentation, 1989, 45 (3): 171 – 212.

[115] Engel J F, Blackwell R D, Miniard P W. Consumer Behavior [M]. Forth Worth: Dryden Press, 1995.

[116] Falk T, Schepers J, Hammerschmidt M, Bauer H H. Identifying Cross-channel Dissynergies for Multichannel Service Providers [J]. Journal of Service Research, 2007, 10 (2): 143 – 160.

[117] Fabricant A. Special Retail Services and Resale Price Maintenanee: The California Wine Industry [J]. Joumal of Retailing, 1990, 66 (1): 101 – 118.

[118] Fernando B, Song J S, Zheng X. Free Riding in a Multi-Channel Supply Chain [J]. Naval Research Logisties, 2009, 56 (8): 745 – 765.

[119] Frambach R T. Roest H C A. Krishnan T V. TheImpact of Consumer Internet Experience on Channel Preference and Usage Intentions across the Different Stages of the Buying Process [J]. Journal of Interactive Marketing, 2007, 21 (2): 26 – 41.

[120] Gefen D, Karahanna E, Straub D W. Inexperience and Experience with Online Stores: The Importance of TAM and Trust [J]. IEEE Transaction on Engineering Management, 2003, 50 (3): 307 – 321.

[121] Gefen D, Straub D W, Boudreau M C. Structural Equation Modeling and Regression: Guidelines for Research Practice [J]. Communications of the Association for Information Systems, 2000, 4 (7): 1 – 77.

[122] Gefen D. E-commerce: The Role of Familiarity and Trust [J]. Omega, 2000, 28 (6): 725 – 737.

[123] Gehrt K C, Yan R. Situational, Consumer, and Retailer Factors Affecting Internet, Catalog, and Store Shopping [J]. International Journal of Retail&Distribution Management, 2004, 32 (1): 5 – 18.

[124] Geyskens I, Gielens K, Dekimpe M G. TheMarket Valuation of Internet Channel Additions [J]. Journal of Marketing, 2002, 66 (2): 102 – 119.

[125] Gerstner E, Holthausen D. Profitable Pricing When Market Segments Overlap [J]. Marketing Seience, 1986, 5 (1): 55 – 69.

[126] Ghosh S. Making Business Sense of the Internet [J]. Harvard Business Review, 1998, 76 (2): 126 – 135.

[127] Gilbert A, Churchill J. A Paradigm for Developing Better Measures of Marketing Constructs [J]. Journal of Marketing Research, 1979, 16 (1): 64 – 73.

[128] Gimun K, Bongsik S, Ho G L. Understanding Dynamics between Initial Trust and Usage Intentions of Mobile Banking [J]. Information Systems Journal, 2007, 19 (3): 283 – 311.

[129] Gollwitzer P M. Implementation Intentions: Strong Effects of Simple Plans [J]. American Psychologist, 1999, 54 (7): 493 – 503.

[130] Gupta A, Su B C, Walter Z. An Empirical Study of Consumer Switching from Traditional to Electronic Channels: A Purchase-

Decision Process Perspective [J]. International Journal of Electronic Commerce, 2004, 8 (3): 131–161.

[131] Hampton J. Free-rider Problems in the Production of Collective Goods [J]. Economics and Philosophy, 1987, 3 (2): 245–273.

[132] Hahn K H, Kim J. The Effect of Offline Brand Trust and Perceived Internet Confidence on Online Shopping Intention in the Integrated Multi-channel Context [J]. International Journal of Retail&Distribution Management, 2009, 37 (2): 126–141.

[133] Han J, Han D. Aframework for Analyzing Customer Value of Intemet Business [J]. Journal or Information Technology Theory and Applieation, 2001, 3 (5): 25–38.

[134] Hoffman D L, Novak T P. Marketing in Hypermedia Computer-mediated Environment: Conceptual Foundations [J]. Journal of Marketing, 1996, 60: 50–68.

[135] Holloway B B, Wang S, Parish J T. The Role of Cumulative Online Purchasing Experience in Service Recovery Management [J]. Journal of Interactive Marketing, 2005, 19 (3): 255–271.

[136] Hoque A, Lohse G L. An Information Search Cost Perspective for Designing Interfaees for Electronic Commerce [J]. Journal of Marketing Research, 1999 (8): 387–394.

[137] Huang P, Lurie N H, Mitra S. Searching for Experience on the Web: An EmPirical Examination of Consumer Behavior for Search and Experience Goods [J]. Journal of Marketing, 2009, 73 (3): 55–69.

[138] Ige O. Electronic Shopping: Young People as Consumers [J]. International Journal of Consumer Studies, 2004, 28 (4): 412–427.

[139] Jepsen A L. Factors Affecting Consumer Use of the Internet for Information Search [J]. Journal of Interactive Marketing, 2007, 21 (3): 21 -34.

[140] Johnson D S. Beyond Trial: Consumer Assimilation of Electronic Channels [J]. Journal of Interactive Marketing, 2008, 22 (2): 28 -44.

[141] Jones M A, Reynolds K E, Mothers B D L. The Positive and Negative Effects of Switching Costs on Relational Outcomes [J]. Journal of Service Research, 2007, 9 (4): 335 -355.

[142] Kalyanam K, Tsay A. Free Riding and Conflict in Hybrid Shopping Environments: Implications for Retailers, Manufacturers, and Regulators [J]. Antitrust Bulletin, 2013, 58 (1): 19 -68.

[143] Kauffman R J, Lee D, Lee J, Yoo B. A Hybrid Firm's Pricing Strategy in Electronic Commerce under Channel Migration [J]. International Journal of Electronic Commerce, 2009, 14 (1): 11 -54.

[144] Keeney R L. The Value of Internet Commerce to the Customer [J]. Management Science, 1999, 45 (4): 533 -542.

[145] Khai S L, Tan S J. E-retailing Versus Physical Retailing: A Theoretical Model and Empirical Test of Consumer Choice [J]. Journal of Business Research, 2003, 56 (11): 877 -885.

[146] Khalifa. Customer Value: A Review of Recent Literature and an Intergrative Configuration [J]. Management Deeision, 2004, 42 (5): 645 -666.

[147] Kim D J, Ferrin D L, Rao H R. A Trust-based Consumer Decision-making Model in Electronic Commerce: The Role of Trust, Perceived Risk, and Their Antecedents [J]. Decision Support Systems, 2008, 44 (2): 544 -564.

[148] Kim D J, Ferrin D L, Rao H R. Trust and Satisfaction, Two Stepping Stones For Successful E-commerce Relationships: A Longitudinal Exploration [J]. Information Systems Research, 2009, 20 (2): 237 – 257.

[149] Kim J, Park J. A Consumer Shopping Channel Extension Model: Attitude Shift Toward the Online Store [J]. Journal of Fashion Marketing and Management, 2005, 9 (1): 106 – 121.

[150] Kin H W, Chan H C, Gupta S. Value-based Adoption of Mobile Internet: An Empirical Investigation [J]. Decision Support Systems, 2007, 43 (1): 111 – 126.

[151] Kleijnen M, Ruyter K D, Wetzels M. An Assessment of Value Creation in Mobile Service Delivery and the Moderating Role of Time Consciousness [J]. Journal of Retailing, 2007, 83 (1): 33 – 36.

[152] Klemperer P. Markets with Consumer Switching Costs [J]. The Quarterly Journal of Economics, 1987, 102 (2): 375 – 394.

[153] Korzaan M L, Boswell K T. The Influence of Personality Traits and Information Privacy Concerns on Behavioral Intentions [J]. Journal of Computer Information Systems, 2008, 48 (4): 15 – 24.

[154] Koufaris M. Applying the Technology Acceptance Model and Flow Theory to Online Consumer Behavior [J]. Information Systems Research, 2002, 13 (2): 205 – 223.

[155] Kumar V, Venkatesan R. Who Are the Multichannel Shoppers and How Do They Perform: Correlates of Multichannel Shopping Behavior [J]. Journal of Interactive Marketing, 2005, 19 (2): 44 – 62.

[156] Kuruzovich J, Viswanathan S, Agarwal R, Go sain S, Weitzman S. Marketplace orMarketplace? Online Information Search

and Channel Outcomes in Auto Retailing [J]. Information Systems Research, 2008, 19 (2): 182 – 201.

[157] Kwon W S, Lennon S J. Reciprocal Effects Between Multichannel Retailers' Offline and Online Brand Images [J]. Journal of Retailing, 2009a, 85 (3): 376 – 390.

[158] Lai J Y, Debbarma S, Ulha K R. An Empiriacal Study of Consumer Switching Behavior towards Mobile Shopping: A Push-Pull-Mooring Model [J]. International Journal of Mobile Communications, 2012, 10 (4): 386 – 404.

[159] Lee M C. Factors Influencing the Adoption of Internet Banking: An Integration of TAM and TPB with Perceived Risk and Perceived Benefit [J]. Electronic Commerce Research and Application, 2009, 8 (3): 130 – 141.

[160] Lee E S. A Theory of Migration [J]. Demography, 1966, 3 (1): 47 – 57.

[161] Lee K S, Tan S J. E-retailingVersus Physical Retailing: A Theoretical Model and Empirical Test of Consumer Choice [J]. Journal of Business Research, 2003, 56 (11): 877 – 885.

[162] Levary R, Mathieu R G. HybridRetail: Integrating E-commerce and Physical Stores [J]. Industrial Management, 2000, 42 (5): 6 – 13.

[163] Liang T P, Huang J S. AnEmpirical Study on Consumer Acceptance of Products in Electronic Markets: A Transaction Cost Model [J]. Decision Support Systems, 1998, 24 (1): 29 – 43.

[164] Looney C A, Akbulut A Y, Poston R S. Understanding the Determinants of Service Channel Preference in the Early Stages of Adoption: A Social Cognitive Perspective on Online Brokerage Services [J]. Decision Sciences, 2008, 39 (4): 821 – 857.

[165] Lu H P, Su P Y J. Factors Affecting Purchase Intention on Mo-

bile Shopping Web Sites [J]. Internet Research, 2009, 19 (4): 442 -458.

[166] Luis&Joana C F. The Serpval Scale: A Multi-item Instrument for Measuring Service Personal Values [J]. Journal of Business Research, 2005, 58 (11): 1562 - 1572.

[167] MacKinnon D P, Lockwood C M, Williams J. Confidence Limits for the Indirect Effect: Distribution of the Product and Re - sampling Methods [J]. Multivariate Behavioral Research, 2004, 39 (1): 99 - 128.

[168] Mahajan V, Srinivasan R, Wind J. TheDot. com Retail Failures of 2000: Were There Any Winners? [J]. Journal of the Academy of Marketing Science, 2002, 30 (4): 474 -486.

[169] Marchionini G. Information Seeking in Electronic Environments [M]. New York: Cambridge University Press, 1995.

[170] Mathwick C, Malhotra N K, Rigdon E. The Effect of Dynamic Retail Experiences On Experiential Perceptions of Value: An Internet and Catalog Comparison [J]. Journal of Retailing, 2002, 78 (1): 51 -60.

[171] McDonald W J. Consumer Preference Structure Analysis: A Managerial Tool for Understanding Apparel Catalog Market Competition [J]. Journal of Direct Marketing, 1993, 7 (1): 20 -30.

[172] Mendelson H, Tunca T. Strategic Spot Trading in Supply Chains [J]. Management Scienee, 2007, 53 (5): 742 -759.

[173] Miley P K. Perceived Risk and Risk Reduction Strategies [D]. New York: Free Press, 2001.

[174] Miyazaki A D, Fernandez A. Consumer Perceptions of Privacy and Security Risks for Online Shopping [J]. Journal of Consumer Affairs, 2001, 35 (1): 27 -44.

[175] Montoya-Weiss M M, Voss G B, Grewal D. Determinants of On-

line Channel Use and Overall Satisfaction with a Relational, Multichannel Service Provider [J]. Journal of the Academy of Marketing Science, 2003, 31 (4): 448 –458.

[176] Moorthy S R T, Ratchford, Talukdar D. Consumer Information Search Revisited: Theory and Empirical Analysis [J]. Journal of Consumer Research, 1997, 23 (4): 263 –277.

[177] Moore G C, Benbasat I. Development of an Instrument of Measure Perceptions of Adopting and Information Technology Innovation [J]. Information Systems Research, 1991, 2 (3): 192 – 222.

[178] Morton F S, Zettelmeyer F, Silva R J. Internet Car Retailing [J]. The Journal of Industrial Eeonomics, 2001, 49 (4): 501 –519.

[179] Mittelstaedt R. A Sasquatch, the Abominable Snowman, Free Riders and Other Elusive Beings [J]. Macromarketing, 1986, 6 (2): 25 –35.

[180] Myers J B, Pickersgill A D, Van Metre E S. SteeringCustomers to the Right Channels [J]. McKinsey Quarterly, 2004, 4 (6): 36 –47.

[181] Nelson P. Wages and the Cost of Search [J]. The Journal of Business, 1970, 43 (2): 210 –220.

[182] Neslin S A, Grewal D, Leghorn R, Shankar V, Teerling M, Thomas J, Verhoef P. Challenges and Opportunities in Multichannel Customer Management [J]. Journal of Service Research, 2006, 9 (2): 95 –112.

[183] Newman J W, Rihard S. Prepurchase Information Seeking for New Cars and Major Household Applianees [J]. Journal of Marketing Research, 1972, 9 (3): 249 –257.

[184] Nicholson M, Clarke I, Blakemore M. One Brand, three Ways

to Shop: Situational Variables and Multichannel Consumer Behavior [J]. The International Review of Retail, Distribution and Consumer Research, 2002, 12 (2): 131 – 148.

[185] Novak T R, Joffman D L, Yung Y F. Measurinng the Customer Experience in Online Environments: A Structural Modeling Approach [J]. Marketing Science, 2000, 19 (1): 22 – 42.

[186] Okazaki S, Hirose M. Does Gender Affect Media Choice in Travel Information Search? On the Use of Mobile Internet [J]. Tourism Management, 2009, 30 (6): 794 – 804.

[187] Ozok A A, Wei J. AnEmpirical Comparison of Consumer Usability Preferences in Online Shopping Using Stationary and Mobile Devices: Results from a College Student Population [J]. Electronic Commerce Research, 2010, 10 (2): 111 – 137.

[188] Park Whan C. Strategic Brand Concept-Image Management [J]. Journal of Marketing, 1986, 50 (4): 135 – 145.

[189] Patwardhan P, Ramaprasad J. A Rational Integrative Model of Online Consumer Decision Making [J]. Journal of Interactive Advertising, 2005, 6 (1): 2 – 13.

[190] Pavlou P A, Gefen D. Building Effective Online Marketplaces with Institution-based Trust [J]. Information Systems Research, 2004, 15 (1): 37 – 59.

[191] Pavlou P, Fygenson M. Understanding and Predicting Electronic Commerce Adoption: An Extension of the Theory of Planned Behavior [J]. MIS Quarterly, 2006, 30 (1): 115 – 143.

[192] Pereira P. Do Lower Search Costs Reduce Prices and Price Dispersion? [J]. Information Economies and Policy, 2005 (17): 61 – 72.

[193] Peterson R A, Balasubramanian S, Bronnenberg B J. Exploring the Implications of the Internet for Consumer Marketing [J].

Journal of the Academy of Marketing Science, 1997, 25 (4): 329 –346.

[194] Philip Kotler. Marketing Management [M]. Beijing: Tsinghua University Press, 2001.

[195] Ping R A. The Effects of Satisfaction and Structural Constraints on Retailer Exiting, Voice, Loyalty, Opportunism, and Neglect [J]. Journal of Retailing, 1993, 69 (3): 321 –349.

[196] Poon W C. Users' Adoption of E-Banking Services: The Malaysian Perspective [J]. Journal of Business&Industrial Marketing, 2008, 23 (1): 59 –69.

[197] Porter M E. Competitive Strategy [M]. New York: Free Press, 1980.

[198] Punj G N, Staelin R. A Model of Consumer Information Search Behavior for New Automobiles [J]. Journal of Consumer Research, 1983, 9 (4): 366 –280.

[199] Rangaswamy A, Van Bruggen G H. Opportunities andChallenges in Multichannel Marketing: An Introduction to the Special Issue [J]. Journal of Interactive Marketing, 2005, 19 (2): 5 –11.

[200] Reardon J, Mccorkle D E. A Consumer Model for Channel Switching Behavior [J]. International Journal of Retail&Distribution Management, 2002, 30 (4): 179 –185.

[201] Reinartz W, Kumar V. On the Profitability of Long-life Customers in an Noncontractual Setting: An Empirical Investigation and Implications for Marketing [J]. Journal of Marketing, 2000, 64 (10), 17 –35.

[202] Robert J, Stahl D O. Information Price Advertising in a Sequential Search Model [J]. Journal of The Eeonometric Soeiety, 1993, 61 (3): 657 –686.

[203] Rodgers W, Negash S, Suk K. The Moderating Effect of Online

Experience on the Antecedents and Consequences of Online Satisfaction [J]. Psychology Marketing, 2005, 22 (4): 313 – 331.

[204] Rogers E M. Diffusion ofInnovation [M]. New York: The Free Press, 1995.

[205] Sandra M. Forsthe, Bo Shi. Consumer Patronage and Risk Perceptions in Internet Shopping [J]. Journal of Business Research, 2003 (56): 867 – 875.

[206] Sandring Heitz – spahn. Cross-channel Free-riding Consumer Behavior in a Multichannel Environment An Investigation of Shopping Motives, Sociodemographics and Product Categories [J]. Journal of Retailing and Consumer Services, 2013, 20 (6): 570 – 578.

[207] Sanjukta P, Jana H, Ge Xiao. Explaining Multi-channel Consumer's Channel Migration Intention Using Theory of Reasoned Action [J]. International Journal of Retail&Distribution Management, 2011 (39): 183 – 202.

[208] Schmidt J B, Spreng R A. A Proposed Model of External Consumer Information Search [J]. Journal of the Academy of Marketing Science, 1996, 24 (3): 246 – 256.

[209] Schoenbachler D D, Gordon G L. Multi-channel Shopping: Understanding What Drives Channel Choice [J]. Journal of Consumer Marketing, 2002, 19 (1): 42 – 53.

[210] Schrnidt J B, Spreng R A. Aproposed Model of Extemal Consumer ImformationSearch [J]. Journal of the Academy of Marketing Seience, 1996, 24 (3): 246 – 256.

[211] Sell J. Types of Public Goods and Free – riding [J]. Advances in Group Proeesses, 1988 (5): 119 – 140.

[212] Shankar V, Smith A K, Rangaswamy A. Customer Satisfaction

and Loyalty in Online and Offline Environments [J]. International Journal of Research in Marketing, 2003, 20 (2): 153 – 175.

[213] Shankar V, Winer R S. Interactive Marketing Goes Multi-channel [J]. Journal of Interactive Marketing, 2005, 19 (2): 2 – 3.

[214] Sheth J N, Banwari M, Bruce I N. Customer Behavior: Consumer Behavior&Beyond [M]. TX: The Dryden Press, 1999.

[215] Sheth J N, Newman B L. Why We Buy What We Buy: A Theory of Consumption Values [J]. Journal of Business Research, 1991, 22 (2): 159 – 170.

[216] Shih H P. An Empirical Study on Predicting User Acceptance of E-shopping on the Web [J]. Information&Management, 2004, 41 (3): 351 – 368.

[217] Shin J. How Does Free Riding on Customer Service Affect Competition? [J]. Marketing Scienee, 2007, 26 (4): 488 – 503.

[218] Shrout P E, Bolger N. Mediation in Experimental and Non-experimental Studies: New Procedures and Recommendations [J]. Psychological Methods, 2002, 7 (4): 422 – 445.

[219] Singley R B, Williams M. Free Riding Inretail Stores: An Investigation of Its Perceived Prevalence and Costs [J]. Marketing Theory practice, 1995, 3 (2): 64 – 74.

[220] Singley R B, Howel R D. Information as a Publie Good: The Case of Consumer Free Riding [R]. Working Paper, Baton Rouge: Louisiana State University, 1989.

[221] Srinivasan N, Ratchford B T. An Empirical Test of a Model of External Search for Automobiles [J]. Journal of Consumer Research, 1991, 18 (2), 233 – 242.

[222] Solomon M R. Consumer Behavior: Buying, Having, and Being

参考文献

[M]. New Jersy: Prentice Hall, 1996.

[223] Stan V, Cammerer B, Cattan – jallet R. Customer Loyalty Development: The Role of Switching Costs [J]. The Journal of Applied Business Research, 2013, 29 (5): 1541 – 1553.

[224] Stivers A, Tremblay V J. Advertising, Seareh Costs, and Social Welfare [J]. Information Economics and Policy 2005, 17 (3): 317 – 333.

[225] Steinfield C, Bouwman H, Adelaar T. The Dynamics of Click-and-mortar Electronic Commerce: Opportunities and Management Strategies [J]. International Journal of Electronic Commerce, 2002, 7 (1): 93 – 119.

[226] Tang Dingna. What Determines Online Consumers to Migrate from PC to Mobile Terminals? -An Empirical Research on Consumers' Online Channel-migration Behaviors, 2014.

[227] Thomas J S, Sullivan U Y. Managing Marketing Communications with Multi-Channel Customers [J]. Journal of Marketing, 2005, 69 (4): 239 – 251.

[228] Thompson S H T, Yon D Y. Assessing the Consumer Decision Process in the Digital Marketplace [J]. Omega, 2003, 31 (5): 349 – 363.

[229] Tiernan B. The Hybrid Company: Reaeh All Your Customers through Multi-channels Anytime, Anywhere [M]. NewJersey: Wiley, 2002.

[230] Telser L G. Why Should Manufaeturers Want Fair Trade? [J]. Journal of Law and Eeonomics, 1960, 3 (1): 86 – 105.

[231] Tsay A A, Agrawal N. Manufacter and Reseller Perspectives on Channel Conflict and Coordination in Multiple-channel Distribution [R]. Santa Clara University Working paper, 2001.

[232] Van Baal S, Dach C. FreeRiding and Customer Retention Across

Retailers' Channels [J]. Journal of Interactive Marketing, 2005, 19 (2): 75 – 85.

[233] Van Birgelen M, Jong A, De Ruyter. Multi-channel Service Retailing: The Effects of Channel Performance Satisfaction on Behavioral Intentions [J]. Journal of Retailing, 2006, 82 (4): 367 – 377.

[234] Venkatesan R, Kumar V, Ravishanker N. Multichannel Shopping: Causes and Consequences [J]. Journal of Marketing, 2007, 71 (2): 114 – 132.

[235] Venkatesh V, Davis F D. A Theoretical Extension of the Technology Acceptance Model: Four Longitudinal Field Studies [J]. Management Science, 2000, 46 (2): 186 – 204.

[236] Verhoef P C, Neslin S A, Vroomen B. Multichannel Customer Management: Understanding the Research-shopper Phenomenon [J]. International Journal of Research in Marketing, 2007, 24 (2): 129 – 148.

[237] Vijayasarathy L R. Predicting Consumer Intentions to Use Online Shopping: The Ease for an Augmented Technology Acceptance Model [J]. Information&Management, 2004, 41 (6): 747 – 762.

[238] Vulkan N. Economic Implications of Agent Technology and E-commerce [J]. Economic Journal, 1999, 109 (2): 67 – 90.

[239] Wang H Y, Wang S H. Predicting Mobile Hotel Reservation Adoption: Insight from a Perceived Values Tandpoint [J]. International Journal of Hospitality Management, 2010, 29 (4): 598 – 608.

[240] Weiss A M, Anderson E. Converting from Independent to Employee Sales Forces: The Role of Perceived Switching Costs [J]. Journal of Marketing Research, 1992, 29 (1): 101 – 115.

[241] Wiertz C, Ruyter K, Keen C. Cooperating for Service Excellence in Multichannel Service Systems: An Empirical Assessment [J]. Journal of Business Research, 2004, 57 (4): 424 – 436.

[242] Wilkie W L. Consumer Behavior [M]. NewYork: Wiley, 1994.

[243] Wilson T D. Human Information Behavior [J]. Information Science, 2000, 3 (2): 49 – 55.

[244] Wilson T D. Model in Information Behaviour Reseach [J]. Journal of Documentation, 1999, 55 (3): 249 – 270.

[245] Wolfinbarger M, Gilly M C. Shopping Online for Freedom, Control and Fun [J]. California Management Review, 2001, 43 (2): 34 – 55.

[246] Wu J H, Wang S C. What Drives Mobile Commerce? An Empirical Evaluation of the Revised Technology Acceptance Model [J]. Information&Management, 2005, 42 (5): 719 – 729.

[247] Wu D, Ray G, Geng X. Implications of Reduced Search Cost and Free Riding in E-eommerce [J]. Marketing Seience, 2004, 23 (2): 255 – 262.

[248] Yang Q, Huang I, Xu Y. Role of Trust Transfer in E-commerce Acceptance [J]. Tsinghua Science&Technology, 2008, 13 (3): 279 – 286.

[249] Yang S, Wang Y, Wei J. Integration and Consistency between Web and Mobile Services [J]. Industrial Management&Data Systems, 2014, 114 (8): 1246 – 1269.

[250] Yoo-Kyoung S, Lauren R B. The Influence of College Students' Shopping Orientations and Gender Differences on Online Information Searches and Purchase Behaviors [J]. International Journal of Consumer Studies, 2008, 32 (2): 113 – 128.

[251] Zauberman G. The Intertemporal Dynamics of Consumer Lock-in

[J]. Journal of Consumer Research, 2003, 30 (3): 405 – 419.

[252] Zeithaml V A. Consumer Perceptions of Price, Quality, and Value: A Means-End Model and Synthesis of Evidence [J]. Journal of Marketing, 1988, 52 (3): 2 – 22.

[253] Zettelmeyer F. The Strategie Use of Consumer Seareh Cost [R]. Working paper, University of Califomia, Berkeley, 1998.

[254] Zhan Chen, Alan J, Dubinsky. A Conceptual Model of Perceived Customer Value in E-Commerce: A Prelimmary Inverstigation [J]. Psychology and Marketing, 2003 (4): 14 – 15.

后　记

　　时光荏苒，回首过往，感慨良多。从 2006 年进行大学本科阶段学习至今已有近十载，在这十年间，既有时光易逝，如白驹过隙般的伤感，但更多的是多了一份对人生的思考和感悟。而立之年，在父母、师长以及其他亲朋好友无私的帮助下，顶住各种压力，刻苦努力并最终得以顺利地完成博士阶段的学习。一路走来，除了有求学的"快乐并艰辛"之感，更多的是多了一份感恩。

　　首先，感谢我的导师汤定娜教授，能够师从汤老师是我求学生涯中最感幸运的一件事。汤老师深厚的学术造诣、渊博的学识、敏锐的洞察力、谦逊的为人和正直的品德都让我在"润物细无声"中逐步成长。汤老师定期举行 Seminar 研讨会，百忙之中也会按时参加、指导科研团队的成员正确阅读经典文献，全面掌握本研究领域的方法和理论，使我获益良多。同时，汤老师为我们的成长搭建了良好的平台，经常出资鼓励我们参加各种类型的学术会议，每一次外出学习和交流机会都会让我在学术视野和研究能力上都得到了很大的提升。同时，本书从选题到修改定稿，都倾注了汤老师的大量心血。

　　其次，感谢中南财经政法大学的张新国老师、宁昌会老师、费显政老师和桂林电子科技大学的龙贞杰老师在学业上的传道、授业、解惑。感谢戴伟男，帮我查询了大量的外文文献和相关资料。感谢我指导的硕士研究生胡争艳和刘昊天帮我反复修改稿件，感谢隋智勇、李社球、肇丹丹、周明、谭娟、刘煜、刘俊清、刘梦伟、杨艺敏、严颖、陈广旺、马连朋、许冬、汤猛、严爱东、郑丽娇和陈猛等课题组兄弟姐妹们的热情帮助。

　　最后，感谢一直在背后默默支持我的亲人们。感谢我的母亲和父亲，在漫长的求学生涯中，你们的支持与鼓励才使得我能够长期专注于学习和研究。感谢我的姐姐、姐夫和弟弟，在我意志消沉的时候安慰和鼓励我，给了我继续奋发向上的动力。正是由于亲人们在精神上的细心开导和在经济上的慷慨资助，才使得我有了十年如一日地进行不间断学习和研究的执着和毅力。

　　雄关漫道真如铁，而今迈步从头越。完成博士期间的学业，结束的只是学生时代，开启的是进一步进行科学研究的大门。我将怀揣感恩之心，保持斗志，继续努力前行。